MF

MODERN FINANCE SERIES

现 代 金 融 译 丛

—— 理论类 ——

MF

MODERN FINANCE SERIES
现代金融译丛
——理论类——

金 融 支 柱

盖伊·弗雷泽·桑普森／著

崔梦婷　刘　戈　刘菁菁／译

中国金融出版社

责任编辑：王雪珂
责任校对：刘　明
责任印制：丁淮宾

图书在版编目（CIP）数据

金融支柱（Jinrong Zhizhu）／（英）盖伊·弗雷泽·桑普森著；崔梦婷，刘
戈，刘菁菁译．—北京：中国金融出版社，2016.1
ISBN 978 – 7 – 5049 – 8225 – 4

Ⅰ．①金… Ⅱ．①盖…②崔…③刘…④刘… Ⅲ．①金融学—研究
Ⅳ．①F830

中国版本图书馆 CIP 数据核字（2015）第 286596 号

出版
发行　　**中国金融出版社**

社址　　北京市丰台区益泽路 2 号
市场开发部　（010）63266347，63805472，63439533（传真）
网上书店　http：//www. chinafph. com
　　　　　　（010）63286832，63365686（传真）
读者服务部　（010）66070833，62568380
邮编　　100071
经销　　新华书店
印刷　　保利达印务有限公司
尺寸　　169 毫米×239 毫米
印张　　17.5
字数　　232 千
版次　　2016 年 1 月第 1 版
印次　　2016 年 1 月第 1 次印刷
定价　　52.00 元
ISBN 978 – 7 – 5049 – 8225 – 4/F. 7785
如出现印装错误本社负责调换　联系电话（010）63263947

致　　谢

　　本书有一部分基于我在卡斯商学院攻读博士学位期间对投资风险性质的研究，还有一部分，比如文献综述，直接引自我的博士论文。我想感谢前院长理查德·杰林沃特，他在最初鼓励我研究这个课题，而接任他的史蒂夫·哈伯曼先生在之后对我也十分支持，还有史蒂夫·托马斯教授，他是我的导师，给予了我耐心的指导。我还想感谢蒂姆·普莱斯，他把路德维希·冯·米塞斯的著作介绍给我，事实证明这对本书的完成也有一定的帮助。

目　　录

第 1 章

介 绍

很久之前，我坐在金融班里攻读我的 MBA 课程。对于任何一个学习金融的人来说，我们都经历过这样的阶段：老师解释任何投资的风险溢价都与它的超额回报等同。我绞尽脑汁想弄明白这一点：一个既好又令人满意的东西（超额回报）怎么会由"风险"构成呢？

"对不起，"我说，"但我并不理解。"

老师居高临下地看着我。

"数学推导其实并不难，"他说，"但如果你想的话，我很乐意再带你推一遍。"

"不，我理解这个运算过程，"我回答说，"我只是不理解您说的'风险'是什么意思。您又是怎样定义它的呢？"

他面无表情地盯着我，与此同时，一些非金融专业同学间的低声讨论在房间里扩散开。然后老师的脸清晰坚定起来。

"你只需要这么学去应付考试就行了，可以了吗？"

我想这个问题很大程度上得益于我一开始学习的是法律，并且获得了律师资格。如果你的思维经过特定的训练，在处理任何问题时都去寻找可能适合的规则，并且事后检查看最好最适用的是哪些，那么这些词语的含义正是关键。法律条文通过语言构建起来（它们很难以其他形式存在），所以尽可能精确地理解它们的含义非常重要。有点讽刺的是，还有一种方法也很有用，即通过操纵法律条文的含义去为客户的目的服务，不过要再次强调一下，如果大体上对语言和含义没有很好的理解，做到这一点是不可能的。

当你在大学学习法律时，你会学到一个叫作"法理"的东西，它本质上就是法律哲学。因此，除了那些内容枯燥的法律法规和案例外，你还必须考虑如下问题，"什么促成一部成功的法律"，"我们必须遵守一部糟糕的法律吗"，甚至更基础的问题"法律是什么"。当时我的很多本科同学非常不喜欢这些内容，痛恨自己失去了学习额外的实务模块比如公司法或继承法的机会，但我却乐在其中。也许这和我自己当时读过很多哲学有关，虽然法理的很多内容语言都十分晦涩难懂，但我仍然认为这是一段非常值得的经历。不过我那时就发誓，以后当我面临写一本书的任务时，我一定努力把它写得尽可能开放、尽可能有趣。

这些年来，我对风险的含义一直保持关注，起初只是金融背景下的咬文嚼字，但随着我看到越来越多的人作出显而易见糟糕的决定，而这种决定源于对明显虚伪的概念近乎奴性的坚持，那种关注风险含义的念头就变得越来越强烈。我对这个问题思考得越多，我就越来越好奇，但并非怀疑金融误导了人们对风险的理解（这对我来说是显而易见的），而是它怎样误导、为什么会如此，以及究竟为什么好像没有其他人考虑过这个问题的后果。

法理为最后一个问题提供了一条线索。如果每个领域的学生都被强制要求学习哲学，那么或许他们也能够有一个更广阔的视野，他们学到的实践技能和技术性知识是其中的一部分，但并不是全部。更辽阔的视野还可以被视作把专业性的理论放到具体情境中并赋予其含义。如果最基础最重要的思维框架和某一规则条令的狭义内涵发生冲突，那么后者就会被质疑并被迫去证明自身的合理性。

意大利哲学家贝内德托·克罗齐更雄辩地概述了我的想法。他说一颗公正的心比经受过高度训练的头脑更有可能发现真相①。我当初称为"金融世界"的东西看起来正在逐步演化成一种对知识要求越来越高的思维方式，但起点和目标却是错的。金融界人士应该问问自己一些基本的问题，比如"金融是什么"和"金融是怎样运作的"，而不是从明显随机的数据中寻找规律。

后来我有幸在卡斯商学院攻读博士学位时研究投资风险的性质，我的导师是史蒂夫·托马斯教授，这本书后面列举的文献综述也直接引用了我的博士论文。这是一个有趣且令人欣慰的过程，因为在研究时我发现其实其他人对风险的传统观点也有所质疑。别人的研究成果表明，甚

---

① 根据 Clive James 在《文化失忆》（Picador，伦敦，2007）中的阐述。

至"传统"这个词语本身就具有误导性，真正的传统观点是，风险过于复杂，以至于不能被恰当地理解认识，无论金融界是否提倡数学计算这种方式，风险都无法通过计算度量。

相反的是，现在盛行的观点的起源时间相当晚，是由哈里·马柯维茨1952年的一篇文章发展而来。用"发展"这个词语非常谨慎，因为马柯维茨从来没有明确说过他计算的东西是风险，虽然他含蓄地表达了这一点（实际上他用的短语是"一个令人不悦的东西"）。在这不大站得住脚的基础上，金融界拓展出大量的数学技巧，其中很多成为现代投资组合理论的组成部分。

我同样有幸在指导下接触了一些杰出的研究员、科学家们的著作，还有一些我通常不会阅读的书籍，虽然我是一个喜欢读书的人。随着我慢慢了解科学家们是怎样追索知识的，我对金融界怎样和为什么要把金融运作成现在这个样子有了更多的疑问。当意愿更为明确时，我阅读了卡尔·波普尔（译者注：1902—1994，原籍奥地利，犹太人，"二战"期间在英国避难期间入英国国籍。当代西方最有影响力的哲学家之一，研究涉及科学方法论、科学哲学、社会哲学等，代表作《科学研究的逻辑》）的著作，希望对"科学"最初是什么有一个更为清晰的理解。

这些年来，对于风险我逐渐萌生了另一种观点。像科学家们在物理领域做的那样，我开始尝试着描绘一个框架，从而可以对金融的整体范围有更好的把握。为了达到这一点，仅仅孤立地关注风险是不够的，至少当它在整个体系中的含义和地位尚且没有定论时是不够的。正是这一点给了我"金融支柱"的启示，又适当添加了几个大写字母，就成了这本书的题目。

金融支柱的目的是为知识建立起框架并提出自己的探索，就像物理学家对时间、空间和其因果关系的探索那样。这对于金融领域来说尤其必要，因为似乎没有人提问、更不用说尝试着回答那个最为基础的问题，即"金融是什么"，跳着看一下这本书结尾的段落，我在那儿提出，金融是关于回报、风险和价值的一种功能，其回报、风险和价值的运作需要时间和人类的行为。这个界定或许能或许不能经受住时间的检验（实际上，我希望不能，因为只有抛弃旧的假设、采纳新的更好的假设才能进步），但它至少是一个比较好的开端。

然后我们需要对所有这些支柱进行研究，这正是本书尝试做的事情，而不仅仅关注风险。承认任重而道远是至关重要的，这本书经历了十年的酝酿，仅把它写出来就花了我一年多的时间，从这里就能看出这个任务并不轻松。

其中有个难题在于似乎之前并没有人考虑过其中的大部分问题，而那些考虑过的人比如路德维希·冯·米塞斯，他们的著作长期以来被忽略，以至于阴谋理论家会指责这些著作是被故意封锁的。也许这与马柯维茨的观点逐渐得以强化，甚至达到了接近宗教信条的程度有关。无论是哪种情况，从"二战"后撰写的书中几乎都找不到指导，至少在金融领域找不到。

另一个难题在于不可能独立地观察任何一个支柱。我原本尝试在可能的地方把这几个金融支柱独立成章，但这种方法从材料到论证过程都会带来一些重复。经过再三考虑，我还是觉得，考虑到对主题进行部分划分的好处，重复叙述的成本是可以接受的，在这一点上，我也问了读者们的嗜好。举例来说，有些关于回报的讨论折射了人们对时间的考量，回报和风险存在着明显的交叉点，而主观性、认知、行为、情感甚至知识本身的性质等主题都像线一样，贯穿了我们要考虑的每一件事。

提及这些事，就引出了另一个明显的要求：如果不考虑其他的学术准则比如心理学、哲学等，我们就不可能对金融有真正的认识。此外，我们还会探讨那些来自艺术、文学和各种各样的其他领域的例子。

把这两个因素综合在一起，有些章节附了一些从实际生活提炼出的插图，通过这些插图，读者会对金融各方面有一个不同的视角，我也希望在这个过程中提出了一些新颖的观点。我了解到，多年来，不论是教学还是口述任务，相比于枯燥的事实，人们对图画和故事通常有更充分的回应，所以请愉快地接受这些出于这种目的打造的小插图吧（至少它们其中有些很有趣）。

顺带说一句，我相信正是一些其他的准则，比如哲学，在金融中的应用，使我取得了很大进步。我们将会看到，一个被称为"逻辑实证主义"的哲学学派在诱使金融从它现在应回归的原点走向歧途的过程中扮演了一个重要角色，这一点毋庸置疑，但当今没有被广泛接受。类似地，正是当我在思考主观、客观、观点的区别时，我对风险的性质的看法逐渐清晰起来。

渐渐地，我认识到，一旦你本着诚实的求索精神接触金融，而不是留意并接受金融界要你相信的那些东西，有些事情就会变得相当明显，不仅我们对金融几乎一无所知，而且现存金融框架的构建也非常草率杂乱。没有人真正恰当地定义过金融术语，或者设置过参数。相反地，金融可以简单地被假定为任何东西，对专业学者来说，哪个定义使自己在特定研究领域的学术追求最方便，哪个就是金融；对投资者来说，哪个定义与投资者选择的方法论摩擦最小，哪个就是金融。

为了让这个幼稚的构建看起来不那么愚蠢，金融界把蔚为壮观的科学的其他领域引入到金融当中，从而把它选择使用的数学技巧合法化。然而讽刺的是，只要一对金融进行严密的分析，就会发现金融不仅不是科学，而且即使是那些在言论中大谈金融的科学性的人们，其实也在以完全不科学的方法对待金融。我们会在卡尔·波普尔的帮助下探讨这一点，卡尔·波普尔之前已经提到，对什么有资格被称作"科学"、什么没有进行广泛的研究。我们将会看到，金融远远不像科学，它的实践与宗教的发展更接近，如弗雷泽在《金枝》①中写的那样，信仰升级到可怕的信条，高级神职人员故弄玄虚以增加神秘，这样宗教才得以发展。在这种氛围下，诚实的质询往往被看作是异见，甚至是异端邪说，因此

① 詹姆斯·弗雷泽：《金枝》，华兹华斯出版社，伦敦，1993。但本书最初出版于 1890 年。

通常会被指责为这种理解是不充分的。

金融的失败在于没能解决最基本的问题，比如"金融是什么"，更不用说"风险是什么"了。正是金融的失败提示我思考，金融不像法学一样有可比的法理是多么大的遗憾，这种感受在我发现科学家们（这里指的是真正的科学家）也会被鼓励去探索科学的哲学时尤其强烈。

虽然这些在本书的范围之外，但它们几乎可以完全解释为什么金融，尤其直到最近一段时间，被看作只在充满数字和数学计算的真空里运行，完全与行为因素和道德考虑脱离。当然，在当前的环境下，道德话题处于最显著的位置，而金融要努力与这种新发展相适应。之所以如此，部分原因在于由于金融缺乏等价的法理，它没有一个概念性的框架去容纳这些开放性的、定性的问题，这些问题需要的是恰恰是价值判断，而非数学计算。

不过，还有一部分原因在于接受这种做法会打击现存的对风险的观点。一旦你接受道德考虑是相关因素，你就必须接受投资者和金融家至少会考虑并寻求逃避媒体和公众揭露他们丑闻的方法，并且他们会对同行不置一言。事实上，当今任何参与到投资决定中的人，不论是委托人还是顾问，都明白"头条风险"或"名誉风险"有时是决定是否采取一套特别行动方案的最关键的因素。然而，承认一项投资中蕴含着无法用数学计算估计的实质性风险却是对现行方法的公然冒犯。

这就是科学现在的趋势，它忽略任何不能被计算的东西，从而导致了金融领域盛行的狭隘的数学方法。在这种环境下，考虑人们的行为冲动，或者考虑人们的行为对他人、社会可能产生的影响，或者考虑金融系统这个整体，都是与金融不相关的。事实上，金融明确公开放弃了这些质询，仅要求我们相信所有的投资者都是理性的。

金融没能恰当地探究清楚它的结构要素的性质，其实践后果后来非常清楚，开始于 2007 年的危机部分起源就在于此。我们对风险的错误理解导致了对它的错误描述和错误定价。同时，那些毫无疑问是"风险"的部分被忽略了因为它们并不符合公认的定义。所有这些因素在今天仍然存在，这是可以论证的。

同时，那些不人云亦云的人群队伍逐渐壮大，并且呼声也越来越高。仅仅在写这本书的最近两周内，我就听说了两次现代投资组合理论面临的公开挑战：一次在家庭办公室投资会议上，另一次在广播节目中。金融理论和投资实际之间裂缝逐渐扩大为一道鸿沟，人们开始注意到这一点，虽然提出了质疑但还没有得到答案。这本书的目的，如果不是为了提供，至少是建议人们朝哪里看。

提到这一点，我承诺过书中会有一些插图和不同的角度，那么让我们直接潜入道格拉斯·亚当斯（译者注：1952—2001，英国著名科幻小说家和音乐家，尤其以《银河系漫游指南》系列作品出名）的精彩世界吧！

第 2 章

终极问题

在道格拉斯·亚当斯的《银河系漫游指南》系列小说（这是一部分成五本的三部曲）中，一个超智能种族建造了一个非常强大的计算机叫做"深思想"，用于寻找终极问题：生命、宇宙及一切的答案。经过 750 万年的计算，它勇敢地宣布答案是 42。

这里和传统的金融世界有一个直接类比，无论何时你问一个宽泛的、概念性的问题，你得到的都是一个狭义的、经过计算的回答，这个答案可能正确，也可能错误。事实上，它确保的不是正确，而是我们总是回到某一点。而更重要的是理解为什么会这样。

对《银河系漫游指南》的一个更仔细的考察（一项考察我们返回哪里的工作）揭示了一条重要的线索。当"深思想"最终宣布它对于终极问题的解决方案时（亚当斯说这个答案是仔细挑选得出的，因为 42 是到目前为止所有两位数中最有趣的），那些困惑的看守者们终于向这台伟大的机器发问，问题是什么。"深思想"坦白地说自己也不知道。它的创造者们意识到他们的可怕和尴尬，他们浪费了 750 万年尝试找到一个问题的答案，却在最开始忘记了定义要去问哪个问题。

一条更深远的线索是，不论计算机有多么智能强大，它们都无法处理概念性的问题，对任何问题都只能给出一个计算得到的答案，或者这么说更准确一些，它只会计算。而这种回答方法看起来也令很多在金融领域工作的人十分苦恼。

如果问"这项投资的风险是什么"这样的问题，我们也会得到一个"42"类型的答案——也许是类似于"14.3%"这样的回答，甚至没有说明 14.3% 是什么。计算机含蓄地向人们发出挑战，要我们去处理这样的答案，但是这样的挑战通常得不到回答。即使我们确实这么做了，我们也只会被草草地给予答案正确的保证，事实上答案确实是正确的——从计算的角度来说是正确的。

世界上第一台可编程计算机的发明者毫无疑问是才华横溢的数学家阿兰·图灵，"二战"期间，他和自学成才的邮局电气工程师汤米·弗劳尔斯在高度机密的条件下建造出计算机。遗憾的是，由于他们工作的高度机密性（这台计算机曾经帮助英国破解了德国恩尼格玛机发出的德文密码，英国想到用同样的方法使用这台计算机和它的继任者们破解苏联密码），他们的成就在"二战"之后的很多年都没有得到真正的认可。图灵只被授予了相对低等级的公民奖励（大英帝国官佐勋章，即OBE勋章），但如果这整个故事被人们所知，诺贝尔奖肯定会更合适一些。而弗劳尔斯的奖赏是更低一级的员佐勋章［译者注：大英帝国勋章是英国授勋及嘉奖制度中的一种骑士勋章，由英王乔治五世于1917年6月4日创立，勋章共设5种级别，从高到低依次为：爵级大十字勋章（GBE）、爵级司令勋章（KBE/DBE）、司令勋章（CBE）、官佐勋章（OBE）和员佐勋章（MBE）］，并且他在这个工作结束后被遣回邮局修理电话交换机。1954年图灵由于氰化物中毒离奇死亡，那时他被英国情报局视为危险分子，因为他被指控为同性恋，直到1967年同性恋在英国才被去罪化。

1950年图灵写了一篇关于计算机的经典论文，这篇论文是在他战争期间工作的基础上写出来的，当然论文里他只能拐弯抹角非常隐晦地提及，但是这里面确实对二进制电子计算机的发明给予了确认，并且明确暗示他在这个过程中扮演了主要角色。这篇论文有一个相当枯燥的题目《计算机与智能》，但图灵在第一句话就明确指出，它的出发点是考虑"机器能思考吗"这个问题。

紧随其后的是非常重要的一小段篇幅，然而它的重要性却常常被忽略。图灵说考虑这个问题时，首先有必要对"机器"和"思考"分别进行定义。看起来这或许是一件显而易见的事，因此琐碎到不需要对此进行评论，但事实上这非常关键，考虑到传统的金融世界更是如此。我们将会看到，金融并不是从定义术语出发的。它只是简单地接受了既存的所有定义，并且我们将还会看到，从一开始对这些已有定义的处置方法就是人为的、不合理的，这些处理限制了讨论中可能被问到的问题的种类，从而限定了可能出现的答案的数量与性质。

这样简单且显而易见的步骤或许只有真正的天才才能领悟得最为充分。图灵不仅在这篇论文中采用了这种方法。相反地，英国皇家学会在1955 年发表的讣告里明确写道：

> 图灵的任何研究中都从基本原则出发，而不是借鉴他人成果，这一点表现得非常突出——这种习惯使他的研究具有创新性和独立性。

这是图灵毕生践行的准则，实际上，在求学时，图灵就已经令科学老师们十分头疼，因为他总是向任何事物提出挑战，包括老师们提到的已经公认的事实。显然，图灵是难以管教的异数之一；在后面的章节中，我们会陆陆续续接触到更多这个小团体中的成员。

图灵把他设想的机器定义为电子计算机，并且把它和人脑进行了类比。这个"人"（指计算机）要根据设定好的规则运行，不能够偏离。它可能产生加减乘除任何计算得出的数字。它还会无限供应演草并储存这些计算的纸张，以及一个协助它的桌面计算器。

在谈到"思考"时图灵遇到了一些问题，他也承认对此或许有可代替的观点。他十分清楚思考不仅仅是进行计算、履行规则，这是又一个有洞见力的观察。但遗憾的是，传统金融的实践者们却抛诸脑后：

> 科学家们毫不变通地处理一个又一个固定下来的事实，从来不受改良过的猜想影响，这种流行观点的错误相当严重。假如对什么是既定事实、什么是猜想，已经有了非常清晰的划分，那确实不会带来什么危害。猜想非常重要，因为它们为研究提供了有用的线索。

图灵相信，根据他的定义，那时计算机并不具备"思考"的能力，但是到 2000 年事情会有所变化。至于这个预测的正确性是否已经得到了验证，科学界的观点仍然是分化的，但是图灵的论文成为经典，并且直到现在还每天都被拿来讨论。

或许最为众所周知的是图灵称为"模仿游戏"的假定，一个男人（A）和一个女人（B）坐在不同的房间，在第三个房间的观察员（C）向 A 和 B 提问，并通过电传打字机得到他们的答案。C 的任务是确定 A 和 B 哪一个是男人。A 的任务是迷惑误导 C。B 的任务是帮助他。图灵的想法是把这个游戏进行多次，然后用计算机取代 A 重复这个实验。那么 C 的成功率会有变化吗？

当然，图灵自己也承认，这个游戏与确定机器是否能"思考"并不完全是一回事，而是确定机器是否能够被开发到足以迷惑 C，让他以为机器是人（需要注意的是，C 并不绝对客观，很多观察员在决定哪个玩家是男人、哪个玩家是女人时进行的陈述都是错误的。我们并不清楚图灵为什么这样表述这个问题）。或许他考虑的是，一台足够强大的计算机的编程可以使它能够以最好的方式回答任何可能的问题，而这是否满足他提出的"思考"的定义则是一个开放性问题。不管怎样，图灵认为这样的事情是不可能的（虽然他相信在未来有可能实现），但他觉得随着时间的推移，计算机或许可以越来越接近人类的思考，或者看起来是这样，如果它的程序里内置了一些完全随机的因素，比如随机数发生器的话。

所以，根据图灵的定义，一个计算机可以计算并且遵从以"是/不是"逻辑表示的指令，并且实际上可以比任何人计算得更快更有效率。他还补充说，虽然根据他的规定，计算机可以提供不限量的纸张，但它可以用迭代的方法为问题找到最合适的解决方案（在每次输入仅有一处不同的情况下，对同样的计算进行多次，从而在逐渐缩小的不确定性中找到限定的答案）。它看起来可以凭直觉思考，但只有把有效地掷骰子或者转轮盘看成工作机制时才是如此。

尽管图灵对人工智能的发展抱有很大期望，但他从计算机可以进行概念性思考这一点退了一步。如果你在计算机面前展示一张白纸，那它一直只是一张白纸，除非你对它进行编程让它能够做点什么。当然，它并不能像人一样记录下来自己的想法，比如下面这些：

> 我今天应该思考哪些事情？
>
> 我最近考虑的主题都有哪些？
>
> 今天我应该从这些问题中选择哪一个去考虑？
>
> 我最希望解决的问题是什么？
>
> 我应该怎样把相关的问题建立起一个框架？
>
> 我应该怎样定义框架中的问题所涉及的术语？
>
> ……诸如此类

这正是"深思想"的发明者们犯过的错误。他们相信如果他们制造出一台足够强大的计算机，它就能够根据他们希望得知的答案，恰到好处地选择表述问题的方式，并且对问题中出现的术语给予精确的定义。也许在一开始，他们就意识到"生命、宇宙及一切"实际上并不是一个问题，而是另一件事。

当然他们是错的。不论电脑有多么强大多么复杂，这些任务都超出了它的处理能力，很可能永远都是如此。你可以对一台计算机进行编程，使它能回答出无限多个单独问题。你还可以为它设置模糊逻辑（译者注：模糊逻辑指模仿人脑的不确定性概念判断并推理思维方式，常用于表达过渡性界限或定性知识经验），这样它似乎能够从过去经验中"学习"（虽然它实际上做的只是留意不同情况中的特殊组合，并假定无论未来何时这种情况重现，结果都会相同），但你无法赋予它接过一张白纸、凝视窗外、提出那些可供它和自己展开辩论的概念性问题的能力。你不会明白这些，用图灵的话来说，"推测"到这些。

相反地，甚至连能够进行概念性思考的人类自身，都无法通过计算回答那些术语模糊的问题（"这项投资的风险是什么"），或者不能仅计算得出答案的问题（你认为珍妮特会是约翰的好妻子吗）。

　　在第一个问题中，问题的答案取决于你怎样定义风险。即使你对风险有清晰的定义，它还取决于你选择的东西风险是否可以被衡量，以及你是否有可获取的数据和公式去计算风险。此外，它还要满足一个假定，没有其他需要考虑的可变因素，比如不同投资者的情况，或者变化的经济环境。

　　在第二个问题中，在可接受的、客观的、可量化的尺度下找不到一个公认的计算回答问题的方法。在任何情况下，这都要看约翰对妻子的要求是什么，他的观点是否正确，以及我对珍妮特有多了解。或许还取决于珍妮特在我面前隐藏自己真实性格的能力怎样，以及从我的角度看，珍妮特和约翰在一起之后婚姻状况可能会是什么情况。

　　这都是重要的地方，毫无疑问。然而这些地方却被传统金融忽略了。事实上，不是忽略，而是被粉饰涂抹得像不曾存在过一样。记得约瑟夫·海勒的"第22条军规"，一个编造出来的短语已经走进了日常生活中，被广泛使用。原版的第22条军规指空军以精神病为由逃避战斗飞行任务（这与《陆军流动外科医院》中的克林格颇为相似）。这条军规规定只有精神病才能申请不参加飞行任务，但还规定提交申请的行为是一个精神正常的人的行为。因此，从来没有申请成功过。

　　在后面的章节中我们会看到，金融界采取了一个类似的手段。虽然并没有像第22条军规一样明确表述，但规则实际上是这样的：

　　　　原则A：通过计算可以得到任何问题的答案。
　　　　原则B：我们不会问那些无法计算出答案的问题。

　　显然，如果对可能问到的问题的数量和种类进行限制，就限制了辩论的范围。而我们所做的有效的事就是对那些不适合讨论的事情加以规定。关于对概念的寻求，图灵的猜想要求用富于表意的、过渡性的语言，并且要尽可能清晰准确。顺便说一句，英语就是一种适合这个任务的理想语言，因为它至少是三种不同的语言来源的混合体，有更大更丰富的词汇，举例来说，在法语中，一个法语词汇的职能通常相当于三到四个英文词汇，而这几个英文词汇在含义上都有轻微的差别；这种差别在翻译成法语时往往很难恰当地表达。

假设故意对可供使用的词汇数量进行限制，甚至大幅削减词汇数量，结果将会怎样呢？这正是乔治·奥威尔在《1984》中设想的情景。他在小说中构建了一个独裁政权，这个政权随意从语言中抹去任何用于指代他们不希望被拿来议论的东西的词语。他们创造了"新话"取代标准英语，而新话是"世界上唯一一种词汇量逐年递减的语言"。

此外，他们保留的词汇只与其反义词有关，也就是说，一个跟这个词语的含义完全相反的词汇。因此，在描述行为时，只有"好"和"不好"，没有"可以忍受的"、"合理的"和"情有可原的"，或者任何可以用来描述介于"好"与"不好"之间的意义上存在差别的词汇。在这种情况下，概念性的讨论当然不可能发生——而这正是那个政权想看到的；你不能讨论或思考那些你无法描述或定义的事物。

让我们回到"这项投资的风险是什么"这个问题上来。

假如我们讨论的这项投资是一家俄罗斯石油公司的股份问题，那么一个聪明的答案可能以列举这项投资可能面对的所有不同种类的风险开始：油价风险、通货风险、俄罗斯政治风险、股票市场风险、恐怖主义风险等。一个甚至更为聪明的答案或许是"嗯，这因情况而定"。

也许这取决于你怎样定义"风险"，或者取决于每个个体投资户的特定投资情况，或者取决于可替代这项投资的其他投资，甚至取决于为什么首先你想知道这个问题的答案。不过传统金融并不会停顿下来思考这些延伸出来的问题，而只会简单地吐出一个类似于"42"的答案。这个答案是某个问题的正确答案，它满足于这一点，却并不关心这是否是你所希望知道的那个问题的答案。有时，它的确会产生正确答案（但是，我们将会看到，只是对于特定种类的问题），但是它并不能决定最初应该拿来提问的合适的问题是什么。

究竟是什么原因，使得金融像"深思想"一样，除了快速大量地给出一堆或有或没有意义的数字之外，不具备解决问题的能力呢？关于这个谜题，最重要的两条规则已经公开了。金融（1）从不停下来考虑"应该问的合适的问题是什么"，并且（2）除了数学计算以外不能回答任何问题。

那金融是怎样钻空子的呢？通过有效地应用"新话"。金融发展出了一套自己的语言，我们必须使用它的语言，这样一来，任何概念性思考的可能性都被有效扼杀了。举例来说，假如你的确开始了对"嗯，这取决于风险意味着什么"这种问题的思考。罗杰的《同义词词典》列举了超过20个"有风险的"这个形容词的同义词，每个都有意义上的细微不同。然而金融新话只认可其中的一个解释。然后它为这个词语赋予新的含义，并且使用方法和日常对话完全无关，用这种方法混淆问题。所以，我们不仅无法像图灵提倡的那样，回到基本原则，而且我们被误导了，每个金融界之外的人（甚至相当一部分界内人士）永远都意识不到金融界所描述的风险，与这个词语被广泛接受的含义根本不是一回事儿。

小说中的集权独裁统治由于无法应对可能的后果，积极地镇压概念性的辩论，并且向人民灌输虚假的信息。这样看来，把传统金融与独裁统治拿来相比是妥当的。

一旦允许人们进行辩论，比如"这届政府比它的前任更好还是更差"这样的问题，引出的讨论就不仅是这些情况下"更好"或者"更差"意味着什么，也不仅是这些术语多大程度上与总协定不符，而是什么构成了"政府"。这个问题距离问什么样的政府形式可能是合适的，以及一个政府为什么需要证明自身的合法性、怎么证明，比如通过民主决策等，只不过一步之遥。相比之下，更容易做的是，在一开始就阻止人们问出"什么是政府"这样的问题。

在传统金融的轨道里有选定的办法阻止这种讨论。首先，它会规定这个问题是不成立的，因为无法通过数学计算得到答案。其次，在任何情况下讨论都不可能发生，因为词语"政府"将不再是语言的一部分，或者会被总结为一种无法违反的固定定义，对违反的惩罚是电击其生殖器，而对此人们怀有深深的畏惧。

在后面的章节我们将会看到，当我们考虑知识这个概念时，物理等科学建立在非常牢固的根基之上。一名物理学家很有可能说，物理建立在相互关联的三件事上：空间、时间和因果关系，并且可以分别给每件事下明确的定义。一个传统金融界的新手在被逼问时，会冒险说出金融的三个支柱是风险、奖励（回报）和价值。但当你追问"什么是风险"、"什么是回报"和"什么是价值"时，他可能会一脸茫然地看着你，或者尝试解释在特定情况下怎么样计算它们。

传统金融无法进行概念性讨论。和"深思想"一样，对于任何可以用数学公式或逻辑命题表述的问题，它都能在计算之后给出一个齐整的答案，但传统金融却无法在最开始为问题构建框架，或者测试问哪个问题是合适的，甚至不能确定把问题表述为公式或命题是否合适。

我们有必要询问清楚金融支柱的性质和有效性，但却不具备这样做的能力。这个事实掩盖了一个尚未实现的更为迫切的需要。在我们着手进行这件事之前，我们需要找到"终极问题"的答案：金融是什么？

金融是什么？我们如何定义它、描述它？我们真的理解了它是什么和它是怎样运作的这些基本要点吗？难道我们至少不应该去想一想这种可能性吗：我们所知的"金融"事实上只是一个骗子，它绑架了真正的金融并且把它关押在不见天日的地下深处，而这个骗子披着被囚禁者的外衣和身份，把整个世界玩弄于股掌之间。

我们将会看到，最后一个问题的回答为"是的"。现在为世界所知的金融实际上是一个旷古绝今的知识骗局，一场对世界上最顶尖的大学和投行里最有智慧的头脑的引诱，一个把整个产业和副产业都建立于谎言之上的谎言，更有甚者，它是一场享受了大量特殊支持援助却从来无人质疑的欺诈。

如同"深思想"的发明者和运行者一样，我们被它设想的智能所蒙蔽，因此认为我们没有能力去质疑它的思考过程。实际上任何时候它都不知道自己在做什么，但揭露这件事需要非凡的道德勇气，甚至可能是自我毁灭的倾向。我们就像童话里在街上赤裸行走的国王的臣民一样，被迫赞美他想象出的子虚乌有的衣服的精美布料和做工。然而只有一个天真的小孩喊出了事情的真相：国王他根本没有穿任何衣服啊！

我们需要理解为什么这种完全错误的金融观点却居于统治地位如此之久。不过为了搞清这一点，首先我们必须考虑事态是怎样传递的。

这是被遗漏的非常重要的一点，不仅对于金融从业者来说是这样，对于今天所有从事某一领域研究的人来说几乎都是如此。人类知识的基础迅速扩充，所以我们被迫在越来越小的范围内进行越来越细节化的研究。随着我们的知识逐渐深化，知识不可避免地越来越窄。这就像用手指把一块布从桌子的洞里往下推一样。布料进去的越深，它所能覆盖的桌子面积就越小。如果我们真的想要理解金融，我们需要试着把这个过程反过来，因为我们不可能孤立地领会金融的奥秘。

著名的板球作家和评论员约翰·阿洛特像其他人一样，说"那些家伙，只有板球认识他们，关于板球他们又知道多少呢"。用"金融"替换板球，或者事实上可以用其他任何东西替换"板球"，你就会发现道理是一样的。为了理解一件事，你不仅必须要知道它是什么，它是怎样操作的，还要知道它是怎样产生的，以及在运作的过程中，有什么信念和影响。附带提一句，阿洛特自己便把信念付诸实践。阿洛特除了在板球方面是德高望重的权威人物以外，还是公认的波尔多地区出产的红酒的国际专家、足球记者、活跃的人权运动者，他曾在早期大声疾呼反对种族隔离，他还是一名警官，并且在BBC担任了多年的诗歌记者，被誉为年轻的狄兰·托马斯（译者注：狄兰·托马斯，1914—1953，英国威尔士作家、诗人，代表作《死亡与出场》，被认为是继奥登之后英国又一位重要的诗人）。

因此，在我们对终极问题答案求索时，我们并不会关注公式和计算，而会讨论那些来源于历史学、心理学、文学、哲学和科学的形象和阐释。为什么？因为在过去它们都对金融有所动作，影响了金融的发展，并且今天还会继续这样。在这个过程中，我们有望明确金融是什么样的，或者至少它不是什么。这一点非常重要，因为这会对我们着手处理问题的方法造成影响。如果一名法证专家在检测一种多发性黏液瘤病毒时，被问到它是否会对病人的健康造成威胁，那么他或她首先需要了解这种病毒来源于人类还是兔子，然后才能给出合理的答案。

这样一来，我们才有希望知道该问什么样的问题，从而把地下室中的囚徒释放出来，并且把他身上可憎的、不确定的地方公之于世。同时，我们还需要认清那个骗子给世界的投资造成了多少损害，为什么会这样以及是怎样造成的。

传统金融界中有些人可能会把这种运用看作不相关的事情，甚至更糟糕，认为它是一个威胁。然而它两者都不是。因为只有在理解事物是怎样成为它们现在所成为的样子的基础上，问对问题，我们以后才有可能开始尝试着让一切回归正轨——而这毫无疑问，是每个人的利益所在。毕竟，在释放囚徒之后，我们需要为他挑选一件新的外衣穿。

这就是本书涉及的内容……而我们对解释的寻求将从1931年的堪萨斯市开始。

第3章

靠运气的游戏

桥牌圈有一条众所周知的格言：通常情况下，与你的配偶做搭档是个错误。

对于一个你相对陌生的人，不论他忘了吊将牌使你感到多么心烦意乱，或者连着三局他没有按照搭档出牌的花色出牌，总有最后一层礼貌的外衣阻止你说出"你知道你在干什么吗？你这个蠢货！"但如果我们讨论的问题中的人是每晚与你同床共枕的那位，并且早上你在他/她于浴室中制造出的各种声音中醒来，那么不知怎么地，文明行为的最后一层外衣也不奏效了。

夫妻的组合在全世界的桥牌俱乐部都令人畏惧，这是有原因的。即使有些人拥有一种难能可贵的特性，从别人的霉运中得到无限宽慰，但如果类似"你这头蠢驴"这样的评论在他们的对手方之间隔着桌子来回回传播，他们也会感到厌倦。下面这个真实的故事或许能够阐明我的想法。

贝内特先生和太太是堪萨斯城的居民，1931年的一个晚上，他们邀请他们的朋友兼邻居霍夫曼夫妇参加一场友好的桥牌游戏。然而事实证明，这场游戏远不如邀请上说得那么"友好"。因为那时贝内特夫妇之间有一些小小的争执和口角，其实这是婚姻长久的甜蜜幸福中不可或缺的一部分。也许贝内特先生那晚首先回家迟了，接着又把门阶处的牛奶瓶打翻？也许贝内特太太在准备早餐时把吐司烤焦了？我们永远无法知道到底是什么家庭琐事引起了那个夜晚的事件。然而我们清楚地知道那天晚上事情的经过，而事情的导火索也很快就会提到。

游戏玩着玩着，贝内特太太开始刻薄地评论贝内特先生的叫牌和出牌，这一点令人感到非常遗憾。贝内特先生的男性尊严迫使他温和地回复。最终有一轮游戏，那被证明是这个晚上玩的最后一把，贝内特先生以1S开叫，他左手边的对手争叫了2D，高过贝内特先生，接下来贝内特太太毅然决然地叫了4S，而她的下家放弃了叫牌，因此这个定约轮到贝内特先生做庄。

〔译者注：桥牌游戏使用去掉两张 Joker 之后的 52 张扑克牌，有四个花色，分别为：梅花（C，Clubs）、方块（D，Diamonds）、红桃（H，Hearts）和黑桃（S，Spade），由四名牌手参与游戏，相对的两人为一方，与另外两人对抗。桥牌以得"墩"为目的。每出一轮（一人一张牌）叫作一"墩"，一副牌共计 13 墩。发牌之后出牌之前要进行叫牌，叫牌也称定约，通过这个环节双方确定本局以何种花色为将牌，以及庄家应取得几墩的合约。〕

不幸的是，贝内特先生没能完成定约，输掉了这一局。也许他更为贪心，尝试着拿到一个超墩（译者注：超墩指庄家所赢得的超过定约数的每一墩），这种策略常常会导致失掉两墩而不是得到一墩。谁知道呢？谁在意呢？

事实上贝内特太太非常在意。贝内特太太对这件事如此在意，以至于当这局打到尾声，最后比分非常明朗时，她开始不受控制地朝自己的丈夫吼叫。

输掉这局 4S 的定约是贝内特先生的第一个错误。现在他犯下了第二个错误。他认为自己的妻子在歇斯底里地发疯，于是朝着桌子倾斜过身子，狠狠地往她妻子脸上扇了几巴掌。然而这并没有起到预想中的效果，所以他决定再多做几次。出乎他意料的是，这似乎只让事情愈发糟糕。贝内特太太从椅子上站起来冲出了房间，情绪激动、语无伦次地嚷嚷着什么。

贝内特先生针对妻子的诡异行为向霍夫曼夫妇道了歉，而霍夫曼夫妇意味深长地交换了眼神，说他们真的必须要离开了。此时贝内特太太突然进入房间，手里拿着新闻报道里所说的"家庭自动武器"。

读者无疑对"家庭沙滩伞"、"家庭可卡犬"这类概念十分熟悉，但是手执"家庭自动武器"可能是一个有点让人吃惊的画面。或许记住以下这一点会有所帮助：堪萨斯城位于美国，在这个国家一个精神病患者携带枪支进入佛罗里达州是合法的，而一个小孩带着橘子进入佛罗里达州却是非法的。

贝内特先生现在作出了一个人之常情的决定，谨慎是勇猛的一部分，像很多热血男儿在相同场合一定会做的那样，贝内特先生跑向楼下的厕所并躲在里面。当他锁上身后的门时，他无疑产生一种任何人关上自己客房洗手间门时都会感觉到的安全感，并且他发出得意的笑声。如果当时的事情的确是这样，那这便是他第三个也是最后一个错误。

贝内特太太并不是一个允许自己的猎物轻易蒙混过关的人。她拿着枪对丈夫紧追不舍，冷酷而迅速地对着门开了两枪。不幸的是，客房的洗手间非常小，贝内特先生就躲在门后，两颗子弹都打中了他，这或多或少导致了他当场死亡。当贝内特先生身中致命的枪伤、倒在地板上时，也许他脑海中最后闪过的瞬间是责怪自己没有买一个客房洗手间更大的房子。

毫不意外地，贝内特太太因为谋杀丈夫接受审讯。然而让人惊奇的是，虽然她被指控为轻微过失杀人罪，但她被无罪释放了。传言说，负责审判她的案子的法官本身就是一个忠实的桥牌牌手，十分同情贝内特太太的状况。而埃利·克勃森，全世界最伟大的桥牌专家，对这命中注定的一局游戏的分析反而进一步鼓舞了法官的同情心。埃利·克勃森深思熟虑之后认为，如果贝内特先生出牌有所不同的话，是可以完成4S定约的。

贝内特太太随后就成了名人，整个美国来自美满家庭的太太们都想见见这位枪击丈夫并目睹他死亡，而且侥幸逃脱刑罚的女人。也许她们为了探问她们自己要怎样才能重演贝内特太太的胜利而来。不过关于从此以后，贝内特太太说服别人在桥牌中与她做搭档是容易还是困难，历史并没有记载……

……但我并不赞同。这个故事中其实有很多特征可以作为对金融界实用的介绍。

首先让我们想想当你在玩桥牌时实际上发生了什么。如我们已经看到的，桥牌游戏中有一场拍卖会，这场拍卖以叫牌最高的那方中的一名牌手做庄结束，并且庄家至少要获得他们所叫的墩数。所以，当你真正做庄时，你会有一个努力达成的预先约定的目标。

这就引发了一连串的问题。你努力达成的目标准确地说是什么呢？怎样衡量你是否赢了？如果你赢了，你得到的东西准确来说是什么？哪些地方可能出错？为了减少出错的概率，你能做些什么？很多问题，这些我们会在这本书的后面更详细地探讨，不过现在让我们先看看我们是否可以至少搞清背后的基本概念。

首先是一个我们不会问到的问题，也许因为它看起来很荒谬。你知道你努力达成的目标是什么吗？

"当然，"贝内特先生会怒气冲冲地回答，"我努力完成 4S 的定约。"（对于那些没有玩过桥牌的读者，这意味着这局游戏以黑桃为将牌，庄家要赢取 13 墩牌之中的 10 墩。）

然而，有件事可以放到台面上说，桥牌玩家有时的确会忘记他们在玩的那一局定约是什么。当一个显而易见的赢家被对手方的将牌大过后，这个人会惊呼"哦，我以为我们在玩无将！"而庄家（做庄的人）则十分吃惊，这种情况并不罕见。相反的情况同样会出现。一个牌手可能在打光某个花色的牌之后得意洋洋地出了一张将牌，开始领出下一墩牌，却被挖苦道（也许贝内特太太会说这种话），"你究竟在干什么？我们正在玩无将。"

因此，至少在这些情况下，有可能你并没有清楚地了解你尝试达到的是什么。你不知道是因为你忘记了，或者从一开始你就记错了。

那另一种情况又如何呢？假如你在玩一局桥牌，但你对定约一无所知，或许你忽然间发现自己和三个完全陌生的人坐在桥牌桌前，并且对你自己怎么会在那里毫无印象，这样的梦或者噩梦又会怎样呢？

"啊，是的，"你会说，"但是这在现实生活中不可能发生。"

"哦？不可能吗？"我回答，"看看你周围吧。"

这听起来或许很疯狂，但世界上许多投资人，包括一些最大的投资人，并不真的清楚他们努力实现的是什么。这也许是因为他们从来没有真正聚在一起讨论他们的目标并达成一致意见。更让人担忧的是，这也可能是由于他们曲解了信息。他们认为自己在玩定约4S，但实际上他们正在玩的是定约3NT（No Trump，无将），或者是相反的情况。

事实上，情况甚至比我上面略述的更像一场噩梦。假如你发现自己像上面描述的那样突然置身于牌局之中，而你对正在玩的定约完全没有概念，不过这次假定你还面临另外一个劣势。这次你连游戏规则也不知道。

"哦，这太疯狂了，"你说，"在没有上过桥牌课的情况下，没有人会去玩桥牌的。这就像在没有经过飞行培训的条件下尝试着发动飞机一样。"

"哦？真的吗？"我会这样回答，"既然这样，我最好还是不告诉你的养老金正在经历的事情了。"

如果你是你的雇主的养老金计划的一员，那么很有可能这个计划的受托人在他们的人生中几乎从来没有学习过投资或金融，但他们一年中的每个月都在用别人的钱做重要的投资决定。

所以，理解游戏规则，了解你努力达到的从根本上来说是什么，是回答任何其他问题的重要先决条件，我们将会详细讨论投资策略这整个话题。好消息是你并不需要理解金融。你只需要有热爱钻研的头脑，并且问合适的问题就可以了。

现在，你怎样衡量你的成就呢？当然这一点是不存在问题的。桥牌一定有自己的计分方法，否则这个游戏就没有任何意义了。嗯，对但也不对。

首先，桥牌中有个概念叫作"成局"，而成局与否随着一局游戏结束另一局开始会发生改变。由于桥牌的双方都存在成局或不成局的状态，这就带来了四种可能的组合，所以一种特定组合每四把游戏会循环出现一次。成局会影响计分的特定方面。大体上，如果你是成局，那你在完成特定种类的定约时会得到更多的奖分，但如果你输了惩罚也会更重。

换句话说，你会发现自己处于不同的时间、不同的场合，从低风险低回报到高风险高回报。当你听说完全相同的事情发生在金融界，你很可能并不感到惊讶。但重要的事情是，不论在桥牌中还是在金融中，都要了解你目前所处的是哪种情况，并且理解其中固有的各种交替变换。

其次，我们还必须考虑更为复杂的情况，我们再把桥牌和金融直接拿来类比。即使你达到了你的得分，对它也有不同的评定方法，而只有一种方法最适合你所处的情景。

如果你在玩盘式桥牌，如贝内特夫妇和霍夫曼夫妇玩的一样，你只要简单地累加你的得分直至达到 100 分就可以了，先得到 100 分的一方赢得该局游戏。盘式桥牌采取三局两胜制。

但严肃牌手们现在很少玩盘式桥牌（虽然有些人用盘式桥牌赌博，这种游戏中大把金钱可能会易主）。他们玩复式桥牌，这是俱乐部中最常见的一种桥牌形式，也几乎是锦标赛的唯一形式。它的计分方法与盘式桥牌有所不同。关键不在于你是否完成了定约，也不在于你得到或者失掉多少分，而在于相比于和你拿同样一副牌的其他牌手，你打得有多好。

然而到了这一步，事情仍然没有结束。"队式赛"和"双人赛"的计分方式也是不同的。在队式赛中，通常只需要把你的结果与另外一对玩家（在不同房间和你拿一样牌的对手）比较；但在双人赛中，你的得分会与成百上千的对手比较，这些对手可能在同一个会议中心打桥牌，或者甚至毫无关联地分布于全世界，通过互联网计分。

在金融界，我们也能找到一种直接可以拿来比较的情况。至少有三种方式计算回报，这三种方式甚至连方法论都是不同的。就像玩桥牌一样，你必须知道运用哪种方式是合适的，以及为什么。像玩桥牌一样，计分方式能够影响你的目标和策略。举例来说，在盘式桥牌中，你的主要目标是完成你的定约，因此你或许会故意失去一墩以提高你完成定约的可能性（这被称为安全打法）。然而在复式双人赛中，假如你失去了一墩但没有其他人这样做，那你就会得到一个特别糟糕的分数，尽管你实现了显性的目标。我们将会看到，全世界的投资人都会定期做与打桥牌同样的决定。那什么地方会出问题呢？

谈到这里，事情有时会变得非常复杂。一个好的桥牌牌手对于什么会出问题会有一种直觉判断，从而采取措施尽可能降低负面影响的可能性，或者把一个关键的决定推迟到最后一瞬间，他会抱着这样的希望：会有可用的新信息缩小可能的替代选项的范围。而令人伤心的是，大多数投资者在这一点上做得都非常糟糕。

现在我们进入了复杂的风险世界，换句话说，我们将会看到，传统金融界对"风险"的认识与你或我对这个术语的理解根本不是一回事。学习金融的任何人都会对这部分知识望而生畏，它难得让人难以置信，并且好像没有拿到应用数学博士学位的人就不可能理解它。这里列举了一个原因。教授"风险"学科的人通常都是取得应用数学博士学位的人，以及那些把它介绍得难以置信的困难的人。这样一来，他们就能有说服力地展示他们比房间里的其他人要聪明许多，并且给第三排穿紧身毛衣的女孩留下深刻印象，让她心甘情愿地脱掉裤子。

好消息是风险课题并不困难，并且风险可以被表述和讨论得相当充分，这甚至连一个数学公式都用不到，更不用说一整黑板的公式了。风险是复杂的，但并不晦涩难懂。我们将会看到，理解它归根结底只要提出合适的问题，而不是把我们自己限制在只提问那些我们事先检查过的可以通过计算回答的问题上。

举例来说，让我们看看贝内特先生在做庄时犯的错误。其实你甚至连顺带着看都不会注意到它，但请仅仅把它当作我们刚刚作出的一个重大假设。我们假定在考虑风险时，我们会关注什么可能出错。传统金融并不关注这个。它在考虑风险时关心的完全是其他东西，这一点我们会在适当的时候看到……但是让我们回到贝内特先生的问题上。

根据传统金融和每天的投资者时间的标准，我们作出同样的假设，假定贝内特先生了解游戏规则并且知道他努力达成的是什么。他现在会看这副牌，考虑哪里可能会出错。

首先，对手的牌技，因为对手通过防卫，有能力对结果造成影响。如果他经常和另外一方做对手，他就会对此有所了解。另外，如果他是刚刚坐下来在锦标赛中与他们敌对，那么几乎可以确定，他此前从来没有遇到过对方。所以，他对对手的牌技可能有，也可能没有真实的看法。换句话说，这里存在一个风险因素，而程度是未知或不确定的。

同样需要注意，即使已知风险的程度，它也不能通过数学方法计算出来。即使有一种数字排名系统，这也只是粗略估计，而不是精确的，并且它无法把一些特殊情况考虑在内，比如一对搭档中的一人忽然灵光一闪有了平时所不及的头脑与智慧，或者他刚从前一天晚上的宿醉中醒来，或者他和配偶刚刚大吵一架，等等。

并且这个风险因素也不是贝内特可以控制的。或许贝内特先生可以做一些事情，比如用"假牌打法"在游戏中摆脱对手，或者如果他事先知道他的对手牌技非常高超，一开始就避免与他们在桥牌游戏中处于敌对双方。不过对手的技术水平本身就在贝内特先生的控制之外。这是他的对手的内在特征。而对于贝内特先生来说，这具有不可控的环境因素的性质，与外面下雨与否类似。

其次，牌的位置。这也在他的控制之外。然而，不像对手的牌技，这个风险因素是可以进行数学计算的，好的桥牌玩家通常都会这么做，那些真正特别杰出的牌手甚至会下意识地计算。每个玩家可以看到两个人的牌（自己的和明手的，明手的牌面朝上摆放在桌子上），从而估算出剩下的牌在两个牌手之间分布情况的概率。举例来说，如果一个花色13 张牌之中你看到 9 张，那么剩下 4 张牌的分布情况只有 3 种方案。它们在另外两位玩家手中的分布情况可能是 4—0，3—1，2—2，而这三种分布的概率（粗略地）分别为 10%、50%、40%。

然而还有很重要的一点，桥牌玩家理解但通常投资者不理解。任何的统计计算都只能作为指导方针，而不是坚定不移的原则或规定，并且计算必须让步于与计算结果不一致的实际观察。举例来说，假如某种花色看不到的还有 6 张牌，那么这六张牌全部在某个特定的玩家手中的概率只有 1.5%，或者说 3/200。然而如果剩下两个玩家中的一位在叫牌环节对该花色采取阻击叫牌，那么可以 100% 确定这 6 张牌确实全部在那个玩家手中，因为通常只有在持有某种花色的牌不少于 6 张时才会采用阻击叫牌。

同样，不像对手的牌技，在这一点上贝内特先生是可以做些事情的，举例来说，通过安全打法，假如某种花色他有 5 张牌看不到，但他却不能承受 4—1 或者 5—0 分配的后果，他或许会赌这 5 张牌的分布是3—2。他成功的几率是合理的：大约 68%。然而如果最初他能够承担起在这个花色上失掉一墩的风险，他就可以把成功的几率提高到 96%。换句话说，他可以采取措施降低风险，或者说在相应的情况下"去风险"，虽然这样做的代价是放弃可能的超墩奖励。

再次，贝内特先生这副牌做庄没有做好，就像看起来事情的确发生的那样，这一点也是有风险的。如同埃利·克勃森指出的那样，这副牌有更好的出牌方式。而这里也与金融界构成了另一个明显的类比。桥牌，像金融一样，不可能在真空环境下运行，而需要人类行为作为引擎。研究桥牌就像研究金融，我们本质上研究的都是人类行为。有些时候贝内特先生玩牌玩得很好，另一些时候他会玩得很糟。有些时候他作出了明智的决定，而有时他也可能作出糟糕的决定。有时他可能因为自己某副牌打得很烂而生气，并因此注意力受到影响。有时或许他也会因为自己目前的得分较差，为了提高得分，打牌时更加不计后果，甚至不惜以更差的得分为代价。

　　传统金融对这种风险的应对只是简单地忽略它。后面我们将会看到为什么会这样。它假定所有的玩家对手里的牌都有相同的知识（然而贝内特先生可能，只是举个例子，忘记了第二墩有人出了黑桃 A），并且都会在面临多种选择时作出逻辑上正确的决定（然而在现实中，这只是一个判断性的假设，而人做决定非常依赖直觉、非常具备主观性）。传统金融不能正视投资者都只是人这个事实，就像我们之前看到的那样，桥牌玩家也是人，这一点非常明显。

　　我们同样谈及另外一个风险因素，贝内特先生可能故意这么做的。他或许决定，像"搭档"玩家经常这样做的那样，他正在玩的这局定约非常容易叫到，以至于房间里的所有人都可能叫到这样的结果，并且几乎确定可以完成它。在这个例子中，他或许认为超墩得分会给他一个非常好的分数，虽然从绝对角度来说差别很小（也许是相比于 620 分，得了 650 分），但相对来看，复式桥牌就是采用的相对计分法，这种差别可能非常之大——也许区别在 50% ~ 100%。

　　所以他也许不满足于在这局中要求拿到的十墩，而是尝试着赢得额外的一墩，从而相比于玩同一副牌的其他桌的对手，他能够获得一个难得的优势。问题就在于，像已经提到的那样，超墩得分的尝试，假如失败了，有时会导致额外丢掉一墩（或者，在无将局，有时可能丢掉 3 ~ 4 墩），所以，贝内特先生可能不仅无法通过超墩名列前茅，还可能最终因为没有完成定约而垫底，相比于其他采用安全打法的确保完成定约的人来说。我们又一次会看到这种情况与金融界会有一个直接的对照。

　　最后，贝内特先生中弹也存在风险。这可以依次被分解成他在打牌时中弹的风险，这会阻止他完成定约，和他在这一局结束之后中弹的风险，这时中弹与否对游戏结果已经不会产生影响了。第一种风险是实质性的，而第二种风险不是。另一种观点，或许可以这么说，后一种类型的风险对投资者来说是实质性风险，但对投资本身不具备实质性影响，而第一种对投资者和投资二者都是实质性的。

贝内特先生中弹的风险，当然，是极其小的。他是这件有记载的桥牌凶杀案的唯一受害者。再次强调，传统金融对这种风险的处理方法就是无视它。事实上，不只金融，在保险精算界也是如此，那个领域专注于研究人们有可能在什么时候以怎样的方式逝世，这因此与我们的故事有了一点关联。在其他任何痴迷于数据计算的领域，这一点都是戒立的。

保险精算师，常言道，是那些作为审计会计发现人生兴奋点的人们。在金融界我们经常遇到的问题之一就是，精算师最初只是在备用卧室里研究五十年老旧火车时刻表，如今却阴差阳错地冒险进入了金融领域，为人提供投资建议。

如果一项风险在统计学上是不显著的，那么精算师会说，你可以安全地假定它从来不会真的发生。然而贝内特先生，当他在 1931 年的那个夜晚蜷缩在客房卫生间时，或许看待事情的角度是截然不同的。我门将会看到，我们可以安全地忽略特定事件发生的概率，即使当它们真的发生时可能会带来极端的后果，而传统金融的许多问题正可以从这个愉快的假设中找到。

这还阐释了关键的一点，对于此我们将会考虑，但这一点却被金融界彻底忽视了。金融博士论文和学术文章形成一股不间断的洪流，而金融界这座雄伟壮观的大都市正是在这股洪流几十年来冲积而下的泥沙上建立起来的。这完全取决于考虑问题时站在谁的角度去看。金融界会去看的是那把枪，也许会考虑它是哪种类型的武器，它里面装了几颗子弹，而贝内特先生那时考虑的，假如他被问到的话，或许是他的妻子有多大可能性朝自己开火，以及那些子弹在他蜷缩的身体中某个柔软且要害的部位找到新家的概率有多大。

让我们想想我们能为贝内特先生提供什么样有用的建议吧！从我们的角度出发，事情或许会有所不同，而且我们选择的角度或许可以充分反映我们对金融的态度。这其中存在三种可能性。

一名投资战略家可能会建议贝内特先生忘掉尝试着超墩得分这回事，告诉他应当对完成定约感到满足。我们将会看到，当前投资界已经掀起了一场大论战，而主题就是关于哪种策略更为优越。

一名行为主义者可能会建议，当贝内特先生没能完成定约时，他应当智慧地点点头，说一些类似于"啊，队友，如果是方块做将牌结果就会大为不同了"的话。这通常是一种好的方法，因为在你的搭档有机会分析这个陈述，并且发现这完全是胡说八道之前，已经是时候开始下一局游戏了。

但是，一名精算师，会采取一种完全不同的方法。他/她会建议贝内特先生他从每一局桥牌游戏开始就留个心眼儿，看是否有人会枪击他。归根结底，他们会说，如果在玩桥牌时被枪击中的概率是百万分之一，那么因为玩桥牌身中两枪的概率一定是一万亿分之一。

第4章

但它是运动的

　　对于一个生长在 16 世纪下半叶意大利北部的小伙子来说，人生想必一定充斥着眼花缭乱且富有激情的职业选择。历史上那场被称为"文艺复兴"的伟大的文化运动在意大利的城邦中已经开展了 200 多年，那时这场运动已经孕育出了许多人类历史上流芳百世的画家和雕塑家，其中还包括三位最伟大的诗人：但丁、彼特拉克、薄伽丘。人文学科之中，只有音乐相对来说在这个时期被忽视了，但是我们这个小伙子的家庭成员们正在竭力补救这个遗漏；他的父亲是一个著名的鲁特琴琴手，当时欧洲富丽堂皇的宫廷对这类琴手需求很大，而他的一个兄弟将会成为一个甚至更著名的音乐家和作曲家。

　　在音乐世家中长大的孩子们往往自己也会成为音乐家。例如莫扎特和贝多芬，他们在音乐道路上的启蒙老师都是自己的音乐家父亲，并且后来成为了令父亲们引以为傲的少年天才。然而事情并非总是如此，这个 1564 年出生于比萨的年轻人，就是这条规则的一个惊人例外。他不仅避开了学习音乐，也没有选择投身于任何其他的艺术领域。他对自己身边开始爆发的一场他直觉是科学革命的事情更感兴趣。而他的尝试如此成功，以至于后人常常说，他在推动现代科学诞生方面的贡献毋庸置疑，给予这种评价的人之中不乏史蒂芬·霍金这样的权威人士。他的名字便是伽利略·伽利莱。

　　伽利略不仅是一名伟大的理论科学家，他还是一位实干家。作为一名天生的工程师，放在今天，他或许是整日躲在自己由车库改装而成的工作室中足不出户、忙碌工作的原生型发明家。他对望远镜这个领域格外感兴趣。引人注目的是，在没有接受过任何实务操作训练并且只有一些记录下来的资源可供学习的条件下，他仅用了短短几年时间就成功地制造出强大的望远工具，并且他研制出的望远镜威力至少相当于同时期的任何竞争者的 10 倍。有了强大的新型望远镜，他开始观察宇宙，并对自己看到的事物进行分析。

　　当然，这是他的问题的开始，也是他的名字在今天这个时代家喻户晓的原因。伽利略透过望远镜观察到的现象给他带来了极大的困扰。当时，"地球是宇宙中心、其他所有的星体都围绕地球旋转"这个观点被广为接受，而伽利略的观察和计算结果与传统观点却似乎并不一致。他正确地推断出，太阳居于我们所处的太阳系的中心，而地球仅仅是围绕太阳转的众多星体之一。这种观点被称为"哥白尼体系"，因为这个理论是由波兰知识分子哥白尼提出的，天文学是哥白尼的兴趣爱好，而他的本职工作是一位财政专家。

但是教会更信奉托勒密学说，这种学说以古希腊数学家托勒密命名，托勒密生活在公元 2 世纪，在研究远古世界几大奇迹之一的虚构的亚历山大图书馆上面做了大量工作。托勒密的观点是，太阳和其他所有的天体都围绕地球转，这与教会的权威相符。

毕竟，《圣经》中说，神依照自己的形象创造出人，并创造了地球供人类栖居，也创造了太阳和星星。《圣经》还特地提到，地球是不会运动的。根据这种说法，毫无疑问，地球居于神所创造的壮丽世界的中心。

事实上，托勒密体系的结构比我们今天听到的简化了的"地心说"观点要复杂得多。他知道实际观察结果和假设地球是宇宙中心应该出现的结果并不总是相吻合，但是他用复杂的规则和子规则解释这些不一致，从而表明太阳的确是围绕地球旋转的，并且太阳和其他星体在围绕地球旋转的同时也会小幅自转，而它们在时间和空间中独立的圆舞曲就解释了它们运行轨道显而易见的不规则性。

这导致了天体观测仪的发明。其中有一种仪器叫做天文计算尺，它在占星家和水手中被广泛应用，占星家用其占卜星座，而水手利用它通过星星导航。适时地，随着钟表制作技术的发展，在 14 世纪左右，由发条装置驱动的机械天文钟也出现了，不过到了伽利略时期这种仪器已经变得非常复杂。

记住，托勒密的宇宙包括许多回旋的圆周和本轮（译者注：托勒密体系认为，行星各自都在一个较小的"本轮"上做匀速圆周运动，但本轮的中心又在一个庞大的"均轮"上绕地球做匀速圆周运动）。要把这些在一个天体观测仪或者天文钟（在发条装置渐渐被人所熟知后）上真实地再造出来，物体就必须在绕着自己特定的环形轨迹转的同时围绕其他东西（地球）旋转。这就是为什么这些今天或许在博物馆中才能看到的精密模型的确是人类工艺和匠心的结晶。

美丽并且聪明得让人叹为观止，不过这些当然是虚假的。技能、知识和手艺都经过了煞费苦心并且完美无缺的部署，然而却为了一个错误的目的服务。一个人或许拥有世界上最好的枪，但假如用它去瞄准一个错误的目标，那最好的枪也是没有用武之地的。

伽利略非常清楚这一点，但是这些知识却将他置于与教会直接作对的危险境地，教会把地球是宇宙中心看成是他们的信条。"直接"是因为教条要求所有基督徒都必须毫无疑问地相信。"危险"则是由于宗教法庭享有至高无上的权力，它有权并且的确把那些不惮与圣会的教义唱反调的人烧死在火刑柱上。或许出于偶然，哥白尼敏锐地察觉到这种危险，因此在他垂死之际才准许自己的著作被出版（据说哥白尼著作的第一个副本被送到他的临终之榻前），显然他做得十分谨慎机灵，之后他的学说才传到教皇耳中。

哥白尼在其人生的不同时期先后担任公务员和政府顾问，和所有混政治圈的人一样，他深谙见风使舵之道，所以一直避免任何公开的论辩。但伽利略恰恰相反，他是少数派中的一员，他受体内一种压倒一切的欲望驱使，去传播自己所发现的真理。或许，他甚至天真地以为，如果用结论性的证据明确指出错误，教会可能改变想法。

然而，正如多萝西·帕克睿智地说过的那样，老教条学不会新招（译者注：多萝西·帕克，1893—1967，美国诗人、短篇小说家、批评家，诗歌以犀利直率地讽刺 20 世纪美国社会的弱点著名。此处引用的帕克语句来自于古谚语"You can't teach an old dog new tricks"，可译为

"老狗学不会新把戏",帕克在词语 dog 后面加上两个字母形成词语 dog-ma,意为"教条",对古谚语的化用非常巧妙)。

伽利略本应知道这些,因为曾经有人朝他开枪。1615 年有人向宗教法庭告发伽利略,那次伽利略设法捏造了他的立场,宗教法庭没有充分的理由证明案件成立,但是他们公开肯定,相信哥白尼的理论就是与《圣经》站在对立面,因此哥白尼的理论是异端邪说,伽利略受到警告,即不要继续研究这件事情。

所以当他在 1632 年最终出版自己的作品时,伽利略必定知道接下来自己面对的将是什么。就此而论,伽利略作出出版著作这个决定在追求学术诚实方面一定是最勇敢的举动之一,或许这也是现代科学家们追崇伽利略的原因之一。可以预见,伽利略被宗教法庭逮捕了,并且 1633 年在教皇法院受审。

也许有些老朋友去监狱探视他时给他传达了罗马教廷的口信,但是这件事情看起来更像是一个已经达成的协议,而不是现在的美国法庭中的辩诉交易(译者注:辩诉交易是美国的一项司法制度,指在开庭审理之前,检察官与被告方达成协议,如果被告人认罪,可以被处以较轻的刑罚)。伽利略当众认错之后,他幸免于一死,但他余下的数十年人生都在软禁中度过。伽利略被迫站在宗教法庭前,宣誓他不再相信自己写的那些东西,并且承认教堂(和托勒密)自始至终都是正确的,这样的要求极具羞辱性。他的著作代替作者本人被焚毁,并且法庭的判决书散发到欧洲各地,在每一所大学聚众宣读,警告学生们追随这种反宗教学说的危险。

然而这个故事还有最后一点没有讲,据说伽利略在被领出牢房时仍在反抗性地喃喃自语"eppur si muove"(字面意义是"但它是运动的")。

就像 1931 年的那个夜晚发生的那场致命的桥牌游戏一样,金融界和 1633 年的罗马伽利略受审那天二者之间也存在着直接的类比。

传统金融中，一些特定的理论被不断强化成为教条。相信它们成为一种强制性要求，如果违反，代价不是死亡，而是嘲弄和可能的来自本专业的排斥。不像 17 世纪的宗教法庭一样，那些教授和实践传统金融的人显得十分开心，他们会怀着让他们倍感舒适的信仰体系再三感谢你，但实际上却对任何挑战他们信仰的事情或人抱有深深的恐惧。

这之中最主要的是任何投资的风险都可以通过历史回报率的波动性测算这一原则。你将会看到我们在每一步都会近距离接触这个基本信念；事实上，它像主旋律一样贯穿这本书始终。传统金融理论的整个体系都是建立在其上的。每个被提出的金融模型，每个被创造出的投资组合，都建立在风险与波动性是一回事这个假设之上。如果你对此有异议，那你需要自负后果，因为如果这个假设是错误的，那么整个金融大厦都将崩塌。

多萝西·帕克无疑意识到了这一点，人们相信教条，既因为他们想要去相信，也因为他们不得不相信。大多数人只有在有一个被明确定义的信仰体系的情况下才是真正快乐的。有个完美的当代事例可以说明这一点，就是尽管已经有压倒性的科学证据表明达尔文的进化论的有效性，世界上多数人仍然拒绝进化论。而达尔文凑巧和伽利略一样，在最初都想方设法用《圣经》中的记载自圆其说，因为达尔文是一个虔诚的宗教徒，最初打算做一名牧师。

为什么会这样呢？这主要与教条本身的性质，以及它是怎样被创立的有关。教条之所以形成，是因为有特定的宗教权威宣称它是真理。随着这个权威越来越大力地去捍卫它，不论在一开始宣布它是真理的是哪个宗教，在不损害这个宗教的地位的条件下抛弃这个虚假的教条都是不可能的。对于宗教的追随者来说是如此，他们需要对自己被灌输的东西深信不疑，对于宗教本身也是如此。因此，即使在按理来说更加科学和世俗的 21 世纪，世界上仍然有大量的宗教徒拒绝接受进化论。美国甚至有一所造物者"博物馆"，里面展示了诺亚方舟和动物们登上方舟的模型。

金融界也有很多地方是这样的。爱德华·摩根·福斯特，在《霍华德庄园》中提到，人们之所以感到贝多芬的音乐令人不安，是因为它暗示着"混乱和空虚"（译者注：爱德华·摩根·福斯特，1879—1970，20世纪英国著名的作家，代表作《印度之行》、《看得见风景的房间》、《霍德华庄园》）。如果是这样的话，那么教条和宗教信仰名誉扫地、彻底崩塌的前景一定会引起类似的效应。一个人被教授的所有那些传统金融理论其实构成了一个心理上的舒适的毛毯。一旦除去他们温暖、舒服的拥抱，人们就不得不学着自主思考。令人吃惊的是，许多人并不喜欢自主思考；相反地，他们更愿意有一个定义完善的信仰体系，愿意反复接受这些灌输。

我们将会看到，这里的罪魁祸首有如下观点：一项资产历史回报率的波动性（随着时间的推移，资产上涨或下跌的程度，更准确地说，资产在平均水平之上或之下变化的幅度）和持有这项资产的风险是一码事。我们在第5章中会更详细地看到这种信仰是怎样产生的，不过现在让我们先紧扣金融理论成为教条这一点。

出于辩论的考虑，让我们假定现在事实并非如此（别担心，我们会在适当的时候看看到底为什么不是这样）。我们已经看到否定地心说会给组织有序的宗教带来怎样的威胁——与时间再近些的进化论带来的威胁接近。而否定"波动性等于风险"的观点也会给传统金融界带来同样的威胁。这正是为什么金融理论越是遭到质疑，反而会得到越强力的维护，如同教堂对可怜的老旧的托勒密的过时观点的维护。

当然这是不幸的。在一个理想的世界，一个鼓励言论自由和学术质疑精神的世界，当观点不再可信时，就会被抛弃，然后每个人都可以向前进。在科学界——有许多人相信金融也是科学界的组成部分，当然这正是应该发生的事情，即使我们将会看到在金融领域这仅仅是一个虔诚的愿望。一旦信仰被强化成教条，人们就会去坚持这个观点，但是它成为教条首先因为人们选择让它成为教条。

在托勒密的例子中，教会权威决定了人们必须去相信什么。而这里的情况则更为复杂，像已经表现出来的那样。有一种观念是这样的，很多人愿意服从并不是因为权威机构的强制施加，而是因为相比于不得不面对可能的其他选择，服从带来的精神压力更小。许多人选择拒绝进化论大致也是由于同样的原因，因为如果有人揭露宗教权威在关于神的事情上说谎，那么或许不知何故就会削弱信仰的力量，甚至引起对神的存在的质疑。

"大致一样"，然而并不是完全一样。这里也有一些工作中实际人类活动的考虑。去任何金融书店的书架上瞥一眼，就会发现这些年来，很大体量的书都是关于检查和发展传统金融理论的，就像数个世纪以来讨论地心说的著作。如果所有提出的这些学问在一朝之间都成为了老掉牙的论调会怎样呢？如果你将毕生精力投入传统金融的研究，或许为出一部充斥着数学公式的大块头的书而攻坚克难，又会如何呢？你真的希望所有的事情都像神话一样爆炸吗？那你接下来一生的事业又是什么呢？

让我们看看实际发生的是怎么一回事，你将会再次看到这里与托勒密和伽利略有神秘的对比。

有些智慧过人的人，以托勒密的基本原则为基础，构建了一个从星盘中寻找终极表现的知识体系。同样，高智商的人们以"波动性等于风险"这个观点为基础，构建了一个知识体系，而这个体系也是从星盘中寻找终极答案的。

而沉重石碑的后继者则由金融领域的工匠们打造。其中最重要的大概要数资本资产定价模型（CAPM 模型），米勒—莫迪利安尼模型（MM 模型）和期权定价模型（布莱克—斯科尔斯模型）。你是否知道它们是什么并不重要，它们的原理是怎样的更无须了解。你只要知道它们的存在就够了。也许还要了解一件事：不论它们在数学上是多么复杂，它们都基于波动性和风险是一回事这个信条。如果抛开这个支撑，这些模型都会砰然坠地。

在现实世界里，这些模型没有一个是可以真正运作的，这或许会使你大吃一惊。看起来它们好像专门被设计成只能在实验室的密封舱中工作，一个彻底无菌且真空的密封舱。一旦打破密封，让讨人厌的细菌和空气涌进来，这个脆弱的机制就土崩瓦解了。

建造出星盘的人也意识到事物并不总是像设想的那样运转，因此他们通过构建本轮和子规则解释这个尴尬的事实，表明实际上有些星体在绕地球运行的同时自己还在做复杂的运动。他们辩解说，并不是这些星体没有遵循规律，而仅仅是它们看起来没有遵循规律。

同样，金融星盘的建造者也是通过建立各种"消毒过的"假设解释事物并不总是像它们本应该运转的方式运转这个尴尬的事实。他们辩解道，我们应该关心的不是模型在现实世界中行不通，而是我们应该对现实世界给予不同的安排，这样一来模型就能如同它们应该运行的那样运作了。

所以，如果你要寻找这些精彩的建构，你会发现必须做出一长串假设，因为没有这些假设的支撑，模型将不再成立。哪种假设呢？这里仅举几例你可能会碰到的：没有人交税，每个人都可以以相同的利率借钱，所有的投资者对每一项投资恰好拥有相同水平的信息。至于你认为这些假设的现实性怎样，这个问题由你来决定。

其实这里有一个众所周知的心理现象在起作用。人类尝试着搞清他们周围的世界。事实上，这是一个非常复杂的过程，因为一方面他们可以只通过他们的感觉感知这个世界，另一方面他们又期待着现实世界应该是一个巨大且微妙的综合体，由他们的信仰体系和他们累积起来的情感体验构成。对世界的不同感知之间的不一致，或者对世界的感知和对世界的期待不一致，被称为认知失调，这是潜在的严重内在冲突的一个来源。

研究表明我们不知怎么地被设计成通过转变我们对现实的感知，使其与我们期待的一致来缓解这种冲突，因为相比于被迫改变我们的信仰，这样的压力更小。因此，实际上，我们是在自欺欺人。这似乎并不是一个有意识的而是一个潜意识的过程。我们真的相信我们正在接收的经过转变之后的图景是正确的。只有在间隙过大形成一道难以跨越的鸿沟时，我们才会最终被迫转变我们的信仰。在极端的情况下，这并不会发生，反而引致了一些严重的精神疾病。

道格拉斯·亚当斯，《银河系漫游指南》的作者，这部著作我们之前提到过，对此理解得非常透彻。书中某处作者向我们介绍了一个叫"科瑞克"的行星，那里的居民相信一种宗教信条：他们是宇宙中仅有的生命形式。在命中注定的某天，一艘外星飞船登陆了他们的星球，这时他们被给予了无可争辩的证据，证明事实并非他们相信的那样。然而，他们并没有修改他们的信仰使之与现实一致，而是着手使现实与他们的信仰一致。他们向太空中派遣了一种机器人杀手，清除宇宙中所有其他的生命形式。

传统金融也在做一样的事情。面对一个模型在现实世界中不能按照它应该适用的那样起作用的事实，你或我可能会说："这很遗憾，但是让我们继续工作开发出一个新的适用的模型吧"。

但是他们却说：

"你不理解。问题不在于模型，而在于现实。如果你简单地从另一个角度看待现实，那么模型就会很好地适用了。所有你需要做的只是假装很多存在的东西是压根儿不存在的就可以了。看到了吗？非常简单，难道不是这样吗？"

有一条著名的谚语，大意是新闻界从不会让事实阻碍一个精彩的故事。如果是这样的话，那么金融界就是从来不让事实阻碍一个好的假设。或者，像一位法国外交官曾对马德琳·奥尔布赖特说过的那样，

"嗯对，它或许在实践中是可行的，但在理论中行得通吗?"（译者注：马德琳·奥尔布赖特，1997 年 1 月至 2001 年 1 月任美国第 64 任国务卿，也是美国历史上第一位女性国务卿。）

如果对于任何困扰我们或者使我们心烦意乱的事情，我们都可以假设它们不存在，那人生将会简单轻松许多，也会更令人愉快。想象一下，你在看的电视采访节目受访者恰好是一位常常激怒你的政客，你仅仅说了句"你不存在"，就看着他从屏幕上消失，留下采访者对着一个空的座椅流露出迷惑和渐增的恐慌。然而这正是传统金融所做的。

一旦教条与现实出现明显的不相符，很可能就没有别的办法了。在一些国家，出于对不遵奉观点的畏惧，你仍然可以监禁、折磨，或者甚至杀害居民，但是现在对于大部分国家来说，这已经不可行了。所以你剩下的选择只有（1）抛弃教条，承认它根本就不是真的，或者（2）着手使现实与教条一致，这也是"科瑞克"的机器人杀手所做的。传统金融的机器人杀手正是那些消过毒的假设，它们在理论周围竖立起智力上带钩的铁丝栅栏，阻止肮脏的现实入侵。

有些勇敢的人会小声说说，整个传统金融实际上就是建立在错误信息基础上的一个巨大的骗局。这等于告诉孩子们圣诞老人会爬进他们的房间，给他们留下礼物，如果有点区别，那这至少是个善意的欺骗，因为无论怎样孩子们都会长大，会自己最终获知关于圣诞老人的真相。而到了金融这里，事情就变得极其严重了。我们正在讨论整个世界上都在发生的一场巨大的智力骗局。在后面的章节我们将会看到，这会导致我们在金融的性质这一问题上从根本上就错了。我们以为这是一回事，但并不是；它是另一个非常不一样的东西。毫不夸张地说，这让人伤透脑筋。

这些方面中最令人感到困扰的是这里并没有运转中的以国际恶魔形象出现的影子机构。也不是以下这种场景：所有的金融学者和金融从业者都为了一个弥天阴谋聚集在一起，向全世界强加特定的信仰（可以猜测，并不像 17 世纪的教会一样）。相反，这里发生的很可能是高智力和有原则的人因为研究金融受制于思维定式。所以，金融界充其量不过会被指责为思路狭窄；绝对不会有人指责它恶意欺骗。

我们置身于相当有争议的领域；这也许与被金融业的职业所吸引的人们的种类有关。当然，这种情况似乎也并不是说许多在金融业工作的人，尤其是在被称为"中坚"金融圈工作的人，具有某种特定的人格特征。不过在美国，这种人格被委婉含蓄地叫作 A 型人格。

A 型人格的人通常智力水平很高，他们往往被分析型研究所吸引。这是有原因的，A 型人格的人渴望确定性，任何程度的不确定都会使他们感到烦扰。他们渴望控制，对自己的情况和他人的情况都是如此。任何人在工作环境中碰到的强迫型微观管理者通常都是 A 型人格。他们追求秩序，痛恨任何形式的凌乱；他们的桌面除了一块整洁的方板和一根刚被削得尖利的铅笔以外空无一物。

A 型人格的参与感给他们带来一种他们特定接受的金融观点，我们需要考虑并消除它。有个问题在于 A 型人格倾向于相信，任何问题总有一个正确的答案，而且如果有人能够找到合适的公式的话，这个答案是可以计算出来的。而这或许是贯穿金融理论发展过程中所有困惑和错误信息中最为致命的部分。

另一个问题与我们现在正在考虑的把金融理论奉为教条更为相关，就是 A 型人格非常不乐意质疑任何事情。他们需要有一个明确定义的任务，需要在固定、肯定的参数下工作。一个美国人或许会说，"他们从不怀疑"。他们担心——A 型人格的人往往忧心忡忡，但是这些忧虑通常是关于琐事，比如旅行安排——但是他们不怀疑。他们不提问。他们是善于计算历史的人，而不是历史的哲学家或发明家。

凑巧地，A 型人格的人同样不善于与非 A 型人格的人共事。如果有人说"你有没有想过，我们是否真的在考虑正确无误的（这里可以插入任何词语）……"他们会认为这种质疑既危险又没有必要。他们仅仅是不理解质疑的意义，并且会努力尽可能杜绝这种破坏性影响。因此，或早或晚，整个部门都会充斥着 A 型人格的人，他们整天愉快地坐在那里削铅笔并且用三角板测量摆放他们的办公室家具。

你会看到对于传统金融是怎样并且为什么长期以来没有遭到挑战，为什么有如此众多且表面上看令人印象深刻的学问与著作，这几乎是一个毋庸置疑的决定性因素。在我之前出的一本书中，我曾经用无神论者教堂的例子来阐释这一点。

假设你是一个无神论者，站在欧洲一个富丽堂皇的教堂里。你周围的景观既美丽又庄严。你知道有些泥瓦匠放弃了他们毕生的事业生涯什么别的都不做，只为了建造这座建筑，他们这么做很大程度上是出于对上帝的爱，还因为在一个更迷信的时代，他们相信他们这么做逝世后就有更大的概率得到救赎。你可以对这些独具匠心、巧夺天工的建筑和他们呕心沥血的奉献精神持赞赏态度。

不过这座建筑的目的，它的神权象征，它的宗教意义，是不能打动你的。也许你会有种压倒性的感觉，为这些工匠们感到遗憾，他们放弃了如此之多去投入一个根本不存在的东西，即便他们真的相信它是存在的。

这是一个有说服力的场面，也是一个恰当的场景。像那些教堂工匠一样，世界上有人将其一生投入到工作中去，兢兢业业，但是坦白地讲，却是基于一个错误的前提。他们相信的真实存在其实只是幻觉。他们相信他们终生的工作都是为了进入天堂王国，但其实这只是为建造一座巨大但无趣的建筑物贡献苦力。

所以，我们对传统金融界的第一瞥的感觉是相当负面的。我们了解它的基本概念并没有被很好的理解，术语也通常有误导性，理论被强化成教条，并且整件事情可能真的基于一个巨大的骗局。随着我们进展的加深，我们会指出有些传统方法事实上运作得很好，会为金融正名，但是同样也有一点非常重要，我们要理解很多情况下它并非如此，理解那些我们或许把它放在合适位置的事物。

第5章

金融和它的支柱

全世界商学院的学生们都会学习一门从分类上讲叫做"金融"的课程，虽然特定的金融模块具有许多不同的名称。大部分投资者先前也是商学院的学生，他们将自己工作生活中的大量时间投入到金融的运转之中。他们努力的结果，不论好或坏，都成为了金融数据，经由财经媒体报道并分析，并且反过来成为下一代金融学生学习的基础。

因此，不论我们是否亲自从事金融实践，金融都围绕在我们身边。即使我们没有实践，金融的很大一部分仍然会通过政府在公共开支、借债和税收方面的政策影响到我们。不过更多与金融相关的内容在支配着我们的个人生活，因为我们所有人都会持有范围甚广的金融产品中的至少一项，比如保险、抵押贷款、储蓄账户，或者养老金计划。

如此多与金融相关的地方，然而我们真的理解金融吗？甚至可以这么问，我们真的理解金融实际上是什么吗？它是一门科学吗？是应用数学的一个分支吗（它的确全部是关于数字的）？它是怎样运作的？什么使它运作？我们对它真的有非常充分的了解吗？

我们有理由假设，至少那些教授和实践金融的人一定是理解金融的，他们一定对这类问题有自己的答案，他们也确实如此。金融，他们会告诉你，的确是一门科学。进一步地，由于金融是一门以数据为基础的定量学科，那么假定它是应用数学的一个分支也的确是安全的。从字面意思来看是如此，因为这些内行人在从业的过程中将数学过程运用到那些数据上，从而计算出任何他们提出的问题的答案。

这里仅给出三个例子，金融理论允许我们计算出任何一项给定的投资的风险，计算出任何一笔未来现金流的现值，以及计算出任何资产的风险调整收益率。注意词语"计算"，因为它具有基本重要性。我们正在讨论数学，所以必须遵循这点：假设我们有正确的数据，并且我们知道它适用的正确的技术，然后我们才能够得到正确的输出；我们才可以计算出一个正确的答案。

这当然非常令人兴奋（或者，至少令那些有能力运用数学方法的人非常兴奋）。运用金融理论我们可以对明显无序混乱的状态施以命令。我们可以衡量并驯服风险。我们会发现带来灾难性损失的预期的可能性非常小以至于我们能够安全地忽视它。所有事情中最令人兴奋的莫过于，金融理论允许我们预测未来的结果；它不仅是一台强大完美的计算机，还是一个水晶球。

我们会在适当的时候探索这些是怎样运转的。更重要的是，我们会检查，不是金融界自己，那么是什么使它运转，以什么样的方式，以及为什么。我们会发现，使金融的教学和实践几乎成为一种宗教信仰的并不是那些不假思索得到的假设，而是冰冷坚硬的现实世界。

我们的使命是找到金融真正的性质，并且确定金融学说里面，哪些我们可以接受，哪些我们必须拒绝。这或许看起来是一种不经常采纳的方法，但是可能仅仅因为你没有充分欣赏而已。作者注意到，迄今为止，这是唯一一本提及所有这些基本性问题的书。

在我们通往充分理解金融真正性质的旅途中，我们会提出更多可以思考的问题，比如我们出发时提到的那些。问题或许看起来过分简单化，但我们将会看到，现实中这些问题非常难以回答，以至于金融学者们长期以来甚至回避提出它们，更不要说尝试着回答了。对于那些崇尚学术理想的人来说或许很遗憾，因为在我们检查所谓现代金融理论的过程中，知识分子怯懦地拒绝面对困难问题这个主题会像硫黄气味逸散开一样贯穿整本书。甚至更为遗憾的是，这些行为不仅没有在世界各所大学和商学院里被揭露并驱逐，反而被授予了我们这个世界上颁发的最为重量级的奖项和任命。

语言过于偏激？或许是这样，但如果你暂时停止批判，直到我们的旅途结束，那么到了那时我有信心你一定不会再反对这些文字。

关于金融我们知道什么？

　　让我们从也许是最基础的水平开始。在我们回答"关于金融我们知道什么"这个问题之前，我们首先必须对我们所指的"知道"给出定义。为了做到这一点，我们便不得不从哲学的一个分支——认识论中寻找答案，认识论广义上来说就是对知识的研究。它处理的问题包括知识的性质，怎样获得知识等。因此它与人类研究的每个分支都相关。

　　由于对知识的性质的讨论开始于古希腊时期，因此很难找到一个易于把握的出发点，不过也许从康德开始比较方便，因为在一个更近期的与古希腊稍有差别的背景下，我们会依靠他的观点。

　　在他的主要著作，1781 年首次出版的《纯粹理性批判》① 中，他严肃地面对了知识的问题。对于康德来说，真实的事物，不论它们是事件或者物体，都属于真实的世界，他把这个世界称为本体世界，是"物自体"② 的世界。然而我们自身不仅生活在本体世界，还生活在现象世界。我们经历的不是事物本身（本体）而是我们对它们的感知（现象），而感知是我们的感觉和情感经过过滤之后的结果。由于我们永远无法肯定某种现象是对本体的精确代表，因此我们永远不能真正"知道"本体，这意味着我们从不能真正"知道"任何东西。

　　叔本华用一种非常重要的方法对这种观点加以发展。康德把事物的知识视为它们被每个人近似感知到的那样，就此而言，康德的观点本质上来说是客观的。他认为这种"知识"难以获取是因为感知像一面变形镜一样扭曲了事物的真实面目。对于他来说，本体导致了现象的发生。

---

① 伊曼努尔·康德：《纯粹理性批判》，企鹅古典出版社，伦敦，2007。
② 康德的原文书写为德语"ding an sich"。

叔本华对此有不同的看法①。在他看来，现象并不是本体导致的结果，而是产生于物体自身的感知的结果。换句话说，他的方法是主观的，是从个体出发向外看。因此，现象是本体与人类个体相互作用的结果。

因此，对于康德来说，感知不保证能够精确地传达本体的真实性，这个事实引发了他对知识徒劳的探索。而叔本华则认为这并不是一个死胡同，反而是一个出发点。如果我们可以经历的仅仅是那些现象传达给每个个体的东西，那么就让我们利用现象和经历这个现象的个人之间的关系，把它作为拓展我们的理解的通道吧！

客观观点和主观观点或许一开始看起来差别非常细微，甚至是无聊的语义论，但并非如此；这是基本问题。我们将会看到在谈到特定的核心金融话题，比如风险时，从个体（投资者）的角度看和从客体或者本体的角度看是完全不同的。

一些未来的思想家还会断言，只有从本体中才能找到事物的真义，但是那些事情已经超出了本书的范围。我们关心的是对于真正的物体或事件，我们有可能"知道"它们的程度，我们能够获得多少知识，以及它建立在什么样的基础之上。

物理的支柱

我们已经了解到，最初这种情况看起来并不是很有前景。然而康德和叔本华都认为，即使我们或许永远都不能确定任何个体事物的准确的性质，但大体上对那些支配事物的特定的宽泛概念作出假设是合理的。简单来说，根据康德的说法，这些假设是：时间、空间、因果关系。

---

① 见叔本华的博士论文《论充足理由律的四重根》，剑桥大学出版社，剑桥，2012。原书出版于1813年。1847年修订后再版。

所有事物，不论是物体还是事件，都存在于时间和空间中，并且在因果关系的支配下运动（对于物体而言）或发生（对于事件而言）。如果你走进一个房间，看到一张桌子，那么这张桌子在时间（你看到它的那一刻）和空间（它的物理位置）中都是静止的。如果你把它推到另一个位置，那么它不仅在时间上向前移动了（因为挪动桌子的同时钟会滴答地向前走几秒钟），它也被放置到一个不同的物理位置。为什么？因为你使它移动了。你推动这张桌子是导致这个结果（桌子移动）的原因。

这三个因素在我们定义的自然科学（如物理和化学）的所有想法和研究中居于中心地位。现在我们或许应该避免使用词语"科学"，因为它确切的含义存在争议，并且会成为争论的核心话题。不过，让我们姑且把时间、空间和因果关系称为物理的支柱，它们是撑起了整个物理大厦的柱子。

出于完整性的考虑，我们需要注意，爱因斯坦后来对时间和空间的关系的假定与早期的物理学家如牛顿假设的有一些差别，但是从来没有证据表明它们之间不存在关系，也没有证据表明这种关系不能被用于固定处于暂时的时间和空间位置的物体或事件。[1]

虽然这里，新的想法再次提供了一个主观性的观点。因为爱因斯坦提出，我们需要考虑的不仅是时间和空间角度事件自身所处的位置，还需要考虑观察者的位置。如果一辆汽车以恒定的速度在两个人之间移动，那么看起来它是在加速靠近其中一个人，但在减速远离另外一个人。因此，根据爱因斯坦的说法，即使自然科学也必须把主观性考虑在内。

所以我们了解到，康德和叔本华关于本体世界如何被管控的假设被当作自然科学想法和研究的基础采纳了，并且它们看起来也的确适用。当然到目前为止科学家们还没有获得与上述观点不相符的任何观察

---

① 举例来说，H. A. 洛伦兹：《爱因斯坦相对论》，贝尼迪克森经典出版社，伦敦，2012。

（一个重要的限制条件，我们将会看到）。

我们还会回到什么可以被恰当地"知道"这个问题上来，不过，正如时间、空间和因果关系支撑起物理研究，我们是否能够想到等价地支撑起金融界的支柱，这时考虑这个问题或许很有帮助。

当然金融事件，比如一只特定股票的买卖，或者一项期权的授予和获得，都属于本体或者"物自体"，它们在时间和空间中存在，也遵循因果关系，原因是两个人同时作出的影响交易的决定，结果就是交易或事件本身。这是正确的，不过几乎起不到作用，因为我们寻找的是能够帮助我们理解金融的一些特定概念，而不是任何其他人类研究的分支。

简而言之，有人认为金融支柱的四个可能的候选者是回报、风险、价值和时间。

金融的支柱

我们在本书靠后一些的地方会详细地讨论回报、风险、价值和时间每一项，但是让我们首先留意下，即使我们在不同的章节分别处理它们每一项，在某种意义上来说，这也是一种伪方法（虽然有必要），因为不论是在理论还是实践中，它们中的每一个都对其他会带来影响，可以说达到了相互关联的程度，也许甚至它们都是一个更庞大更复杂的"事情"的不同的组成部分。

为了说明这种复杂性，这里仅给出一个例子，法国哲学家德里达认为赋予某个事物含义的是它反义的或同义的陈述，这里他使用的法语词汇为"差异"（原文为 différance）。① 举例来说，对于在旅程结束准时到达正确的位置这个事件，赋予它含义的是无法完成它的可能性。

德里达并不是一位很容易读懂和理解的哲学家，讽刺的是，他还因

---

① 雅克·德里达：《立场》，连续国际出版社，伦敦，2004。

为深信"在文本之外一切皆不存在"而著名。[①] 他对"差异"的评论其实与黑格尔有关。黑格尔相信历史由力量上占强势的趋势长期以来组成的，而每一个趋势都会自动产生与其矛盾对立的力量，而这些对抗性的力量自我解决的过程便体现了历史的进步。[②]

因此传统上把辩证进程学说简化为"正题＋反题＝合题"严格来说并不准确，因为它的含义远远超出了理论的矛盾这个想法，它更近似于一种实质上的挣扎乃至否定。然而，在他的历史作用论之外，黑格尔还提出我们对一个物体的观点包括那些与它相反的事情，所以，即使是在无意识的情况下，我们对事物的认知也会受这些事情的影响，甚至包括这些事物。举例来说，我们对美洲豹的印象或许包括的一点认知是，它不是猎豹。

这表明，我们在追求理解事物本身的真实性质时，必须除去这些与其相反的事物，但是德里达却说不。德里达认为我们不仅不应该除去并抛弃它们，反而应该注意到它们的存在，并接纳它们，因为正是这种"差异"赋予事物本身以含义。

因此，在金融中，为出售一项投资可以获得收益的前景赋予含义的是投资者遭受损失的可能性。就像爱因斯坦之后的物理学家们把时间和空间结合成一个连续统一体，叫作（这多少有点可预见）时空，因此回报和风险或许可以被看作是存在的同样的统一体。或者，它们也许实际上是一枚硬币的两面，至少如果我们把"风险"视为招致损失的风险来说是如此，我们以后还会回到这个话题。

这样的观点与盛行的观点背道而驰，盛行的观点认为回报和风险是不同的，虽然它们之间存在联系，所以可以在一张图中分别以它们作为 x 轴和 y 轴，建立起坐标系，从而任何单项资产的位置都可以在坐标系

---

① "il n'y a pas d'hors texte"。选自《文字学》中"对卢梭时代的介绍"一章，约翰·霍普金斯大学出版社，巴尔的摩，1998。

② 格奥尔格·威廉·弗里德里希·黑格尔：《历史哲学讲演录》，剑桥大学出版社，剑桥，1980。

中描画出来。不过这样的世界只能被部分构建起来，我们将会看到，金融界赋予词语"风险"的含义与我们日常所指的风险区别非常大。

然而，在这一早期阶段，我们要先把定义和因果关系放在一边，因为从评估并记录所有已经达成共识的材料开始，把有争论的话题放在后面讨论会更有用。不论大家对风险的含义怎么理解，但所有人都认可，回报和风险之间存在某种密切的关系。

然而当我们开始猜测它们之间关系的性质是什么时，共同点便迅速消失了。举例来说，在没有风险——这个回报邪恶的孪生兄弟时，回报可能单独出现吗？基于我们的常识，下意识的反应或许是"不会"，但金融界却说"会"，至少在特定场合下会这样。

如果我们想看看同样的资产，在回报水平相同的情况下风险的程度，另一个问题就来了。对于所有的投资者来说它必须保持不变吗？这里，相比之下，金融界给出的答案是"是的"，而这本书会强烈反驳这一点，正确的答案几乎可以确定是"不是"。

甚至更为基础的问题是，这种关系的性质，不论可能是什么，真的可以被我们完全理解吗？或者它过于复杂，超出了人类的理解能力呢？也许你会发现相比于那些可以贡献出来的已经准备好的答案，这是一个更为困难的问题。如果在这个阶段这个问题有所帮助的话，那就是金融学者多年来一直相信它不仅是可以被完全理解的，而且是可以被轻易计算出来的。

所以，几乎没有事情是已经达成一致的。回报和风险之间存在着密切的联系，它们结合在一起，像交织的线一样穿过金融和投资这整块布料。不过这里我们必须引入一个条件限制，如同我们之前已经注意到的那样。金融界的观点要用一个更长的句子表述，这个句子以"回报和风险同时出现，穿过金融和投资这整块布料"结尾，不过记住他们相信在某些情况下，回报可以在完全没有风险的时候单独存在。

不论怎样，回报和风险作为金融两大支柱的地位是肯定不会受到任何挑战的。不论我们希望弘扬的金融理论和概念达到了多么高的建筑高度，风险和回报都一定能代表我们的建筑模块之中的两座。

现在让我们来看看，价值又怎么样呢？回报以两种广泛的形态出现：收入和资本利得。然而如果它们不能体现标的资产的价值，这两者对我们而言都没有任何意义。资本利得意味着我们资产或资产组的价值有了明显增加，从一个较小的数量提高到一个较大的数量。而收入则意味着我们收到了一笔现金流或者有好几笔现金流入，这也会增加我们个人储蓄的价值，我们既可以把收入锁在柜子里，也可以出去消费，还可以在投资过程中用它再投资新的资产。我们甚至可以把价值当作一个动词来用，如果一个事物给我们带来益处或优势，通常这种益处直接或间接来讲性质上都与金钱相关，我们就会"重视"这个事物。（译者注：本段中所指的"价值"、"重视"都对应英文单词 value。）

Value 作为动词还有一个用法，即评估某物的价值。举例来说，一个职业估价师出于税收或继承的目的，可能会对一座房子或一件古董家具进行估价。那么这时估价师做的事情就是为事物的价值写上数字：这个物品具备多少"价值"？只要金融交易发生，以及在更多的案例中，一个交易尚处于被考虑的阶段，还没有实际发生，那么交易相关的各方都会经历类似的过程，不论是正式地还是本能地，都会这样做。

因此价值其实可以被认为是金融界中启动所有因果关系链条的原动力。我们为什么投资？至少有一部分原因在于我们寻求个人储备价值的增长。当我们转向对时间效应的考虑时，我们会看到成交的投资大部分是为了提高我们在未来的储备的价值，我们会推迟目前的支出而更倾向在未来支出，不过这一点让我们留到后面再讨论。

我们已经了解了足够的价值，因此现在可以接受这样一个原则：如果我们想要理解金融，不论金融可能是什么，那么我们首先必须清晰地理解价值，不论价值可能是什么。这里并没有泄露太多我们以后要讲到的东西，不过一个可疑的假设已经作为一个公认的事实从粗心的读者们面前滑过了。

在前面的段落中我们谈到评估一项特定的资产可能具备多少价值。然而，我们将会看到，一项资产实际上根本并不具备任何有限数量的价值，它的"价值"只是这件物品的任何潜在的个体买家或卖家视其所拥有的价值，这一点备受争议。因此，两个人对同一个资产评估的价值不同，这是完全有可能的。由于在评估资产的过程中，他们会把资产本身的质量与他们所处的境地之间的关系考虑在内，而所有这些都可能也的确在变化，所以即使对于同一个人来说，一项资产在不同时间的价值也有可能发生变化。

如果你要向两个人提供一杯水，而其中一个人已经因为口渴濒临死亡，那么他会更重视这杯水，因此也会愿意为获得这杯水付出更多的钱。然而如果之后你要再向他们提供第二杯水让他们竞标，那么同样还是第一次中濒临死亡的这个人，对这杯水的重视程度就比第一杯水弱很多，因为他已经消除了口渴，至少从某种程度上说是这样。在合适的时候我们会考察经济理论是怎样处理这些问题的。

然而所有这些都遇到了各种各样的问题，尤其是在会计和监管者方面。传统上会计师持有一种观点①，认为存在一个叫作"公允价值"的东西，它可以被估计出来，并且一旦某项特定资产的公允价值得以确定，那么它在全世界都是有效的。当然，如果你考虑他们靠什么谋生，那么这种观点就说得通了。如果你尝试着做是否把信贷扩大为一个交易的决定，并且通过检查它的经审核账目来帮助你下定决心，你不会希望看到一个模棱两可的陈述，比如说"固定资产"，而想看到一个确切的硬数据。我们付钱给会计师让他们审核账目，也包括审核资产价值，不过在缺少至少可以保持估计方法一致性的公司估值原则的情况下，我们很难看到这项工作是怎样有意义地被完成的。

然而这种方法仍然存在可商榷的地方，即出于实用目的作出的

———————————

① 虽然最近专业领域开始了争论，质疑真实情况是否如此，这是否可以作为普遍真理。

"公允价值"假设让位于一个既定的信仰——"公允价值"事实上的确作为一种普遍真理存在。这里"公允"这个词露出了马脚。当一项资产转手时，它的"公允"价值必须是需求和个体投资者的其他情况的函数，而为了达到这一点，我们必须增加"公允"价值是什么这个问题的复杂性，假定每个人都会尝试以少量的他们感知到的剩余或亏损买卖。

监管者，受会计师们的怂恿，坚持认为资产必须采用盯市法，进一步推动了这个有问题的概念。盯市法，顾名思义，基于一个明确的假设，即一项资产的价值和价格一定是相等的，甚至在反常的市场环境或一个显然不允许自由运作的市场中也是如此。为了使用方便，再次进行这样的虚构是可以理解的甚至是可以接受的，但是似乎这已经被强化成了一种信仰，一个原则。一个不幸的后果是任何不存在可辨认公开市场的资产都进入了黑名单，仅仅因为它们不太适用这种技术：这个绝佳的例子是使现实与规则一致的尝试，而不是在起草规则时就把它写成与现实一致的样子。

所以价值是问题百出的，在后面的章节我们会更详细地加以探索。那么时间呢？这是我们迄今为止还没有考虑到的一个支柱。这里，我们至少像对于任何事情一样对时间缺乏了解。

可以争论的是，时间本身并不像支柱，而更像其他支柱运行的背景。今天自然而然地进展成明天，而昨天发展成今天，这是毫无疑问的，也不需要解释。从这层意义上说，个体投资或许会被看作时间长河上漂浮的木筏，而他们每个人的结果只有在木筏被水流自然而然地冲到岸边，或者以某种方式被船员引导到安全港，或者由于遭遇风暴或湍流小船沉没所有的人员丧生时才会变得清晰。

然而时间并不仅仅提供了一个维度，供其他因素在这个维度中相互作用相互影响。时间是不确定性的入口。未来必定是不可知的，而我们走进未来走得越远，时间跨度带来的不确定性越大。我们很可能会愿意就 24 小时之后我们仍然活着赌上一大笔钱，不过假如用 24 年代替 24 小时，我们当中还会有多少人愿意作出同样的选择？

再举一个或许更为合适的例子，不确定性对人类制定决策会有一种强大的感情牵引力，这也许是因为我们对于自己死亡的到来有种潜在的感觉，而它的发生既不可避免，又无法预测原因和时间（还令人非常不悦），而我们对于不确定性的恐惧总体来说正是源于我们对死亡的原始焦虑。我们的确恐惧不确定性。即使对投资决策的制定只观察一小段时间，你也会发现我们对未来有不成比例的恐惧，以及相应地，我们愿意支付附加于今天的确定性的基础上的非理性的高额保险费。时间好像一个被古罗马元老院安排过去的奴隶，当有位刚刚凯旋的将军站在战车上接受来自人群的赞美时，这个奴隶在他的耳边轻声说，"记住总有一天你也会死去"。

所以接受每一天（字面意思）时间分分秒秒的流逝或许很简单，但是理解它对投资结果的影响和在制定金融决策时怎样合适地处理它并不容易。我们并不会把情感排除在外。事实上，总体来说在做所有的商业决定时，不论我们多么努力地尝试驱逐它，感情不仅会频繁地溜进房间，还经常在确定结果的过程中成为决定性因素。

从在行为金融领域工作的人那里，我们了解到人是情感动物，倾向产生"认知偏误"，这会影响到我们做决定的方式，虽然我们对它们是通过妨碍我们的探索思维方法（这种经历基于思考过程）还是扭曲我们的感知施加影响还不清楚。其中一个体现叫作"双曲贴现"，这指的是人们倾向取得当前价值很低的一笔钱，而愿意为此放弃在未来获得更多的钱，即使把未来可能收到的钱折现数额上要比当前可以拿到的钱大很多，甚至有经验的投资者也有这种趋势。对于这种非理性的行为，只有一种可能的驱动因素：对未来不确定性的不成比例的担忧。

确定与怀疑

对于确定性的情感渴求，和对不确定的恐惧，给了别的东西以可乘之机，而它注定在我们的故事中扮演一个重要的角色，也就是金融界的一种怪异的趋势，把知识理论提升到宗教教条的地位。当然，前者可能受到挑战，而后者则不可能，至少挑战者不被戴上危险的异教徒的帽子是不可能的。这种尝试往往导致有人断言挑战者是愚笨的（"他就是不明白"），更有甚者，直接说挑战者精神不稳定（"他疯了"）。

当然这非常荒谬。只有通过挑战 J. K. 加尔布雷斯所说的"传统智慧"，才能在知识上取得进步（译者注：约翰·肯尼斯·加尔布雷斯，1908—2006，美国经济学家、新制度学派的领军人物）。① 事实上，我们将会看到，在卡尔·波普尔看来，这代表了所有科学方法的根本依据。对他来说，进步不仅意味着要反复证实一个假说，还意味着要反复尝试反驳它。

就像史蒂芬·霍金在《时间简史》中说的那样：②

> （一个科学理论）从它仅仅是一个假说这个意义上而言，总是暂时的：你从未证明它是正确的。不论多少次的实验结果与某个理论相符，你都无法确定下一次结果是否会与这个理论矛盾。另一方面，你甚至只要找到一个与理论预测不符的观察，就可以证明这个理论是错误的。

然而金融界却忽略这一重要原则，团结起来捍卫一系列固定的"真理"，他们用各种假设抹掉任何有问题的现实情况，使现实与他们

---

① J. K. 加尔布雷斯：《富裕社会》，鹈鹕图书，伦敦，1962。
② 史蒂芬·霍金：《时间简史：从大爆炸到黑洞》，BCA，伦敦，1998。

整齐润色过的理论一致。举例来说，在过去的大约 60 年中，甚至很难找到一篇出版的学术论文对"传统智慧"的风险观点提出根本性质疑，这一点或许意味深长。而且这样的批评往往很难像人们天真地期待的那样，从广为认知的学术期刊上看到，大部分出现在书中的某几页，这些书通常不是由数学家而是由投资从业者撰写的。

也许这取决于，至少部分取决于另一个我们在后面将要详细讨论的因素，也就是把金融看作是"关于数字"的学问的倾向，金融像数学一样运行，甚至可以这么说，事实上它就是数学的一个专业分支。如果你也是这么想的，那么你也会相信金融的方方面面都可以从数学的层面上加以证明。这会再次成为向这个充斥着数学确定性的惬意的世界引入疑问的一个强大阻力，更不用说包容金融或许根本不是"关于数字"的学问这样一个看似荒谬的见解了。

所以从这段旅途之初，便让我们摒弃自己的努力会受到广泛欢迎的幻觉。恰恰相反，全世界的金融学者们居于由虚假的确定性筑建的堤防之后，用怀疑的目光盯着周围的村落。我们破坏他们根基的努力不会被看作解放他们的尝试，而会被看作是侵蚀他们所推崇的信仰的破坏性行为。

虽然任重道远，但关键在于我们的不懈追求。写这本书的时候，世界的很多地方都被金融危机和经济衰退牢牢锁住不能动弹，[1] 这次危机比之前记录任何一次危机持续时间都更长。这次危机有一部分是政府的错误政策和糟糕决定积累下来的后果，我在《我们所处的困境》[2] 一书中已经详细探讨了这个主题，这里就不再赘述叨扰读者了。不过危机还有一部分原因在于，大多数金融界人士认为有种想法非常糟糕，以至于他们不惜任何代价地去抑制它：我们没能理解金融最基础的建筑群，因此不得不依靠那些从根本上错误的规则。这种可能性难道不存在吗？

---

①　这里使用的是词语通常的含义，即缓慢的经济增长。
②　盖伊·弗雷泽·桑普森：《我们所处的困境：为什么政治家不能解决经济危机》，艾略特和汤普森出版社，伦敦，2012。

第6章

周期性回报

　　为了更好地观看或是参与游戏，理解游戏规则是非常必要的。那些参与金融或是投资交易的交易员自认为非常了解这些游戏规则，因为他们已经接受了许多这方面的教育，然而事实上，他们根本一点也不了解这些规则，他们仅仅知道这些规则，与理解它们完全是两回事。

　　要想知道某些事情，我们知道这些事情是什么就足够了。但是要想理解某些事情，我们就必须要明白在一定的环境和条件下这些事情究竟意义何在。从文学术语的角度分析或许能够更加清楚地区分两者的不同：要想知道莎士比亚的一篇文章，只要我们记住它，然后用心背诵下来就足够了；要想理解这篇文章，我们就必须要了解整篇文章的来龙去脉以及各种可能的潜台词，若非如此，我们也只能仅仅是背诵了这些文字而不能真正理解这些文字想要传达的真实意思。

　　文章的背景会包括所有的社会和历史的细节，它们渲染了文章基调并为文章提供了合理的背景铺垫。例如，在莎士比亚的一部历史剧中，他期望观众能够对"百年战争"中的重要事件和人物有所了解，以及对类似兰开斯特家族和约克家族这样复杂的家庭分支较为熟悉。背景还包括一些词句在那个时期存在着特别的意思，一些单词如"gay"（快乐的、同性恋者）的意思相较于过去就有了很大的改变，还有一些单词如"incidentally""risk"在莎士比亚生活的时代是不存在的。

　　潜台词也非常重要。现在我们来考虑一下说话者言语中隐藏的或是译成电码的意思，例如一个部长会坦言他或她对一个部下非常有信心，而荣格认为这其实只是些场面话而已。潜台词还随着时间而改变，例如当莎士比亚使用单词"cuckold（喇叭）"时，同时代的观众会立刻明白这是在说一个小丑，它是夸张的戏剧表演中一个经典的人物。

　　"知道"与"理解"的区分在金融领域是非常重要的，但它往往被忽略。我们可以发现，现在的金融毕业生总是一只手拿着 *Brealey & Myers*①，

---

　　①　公司金融的标准文本，Richard A. Brealey 和 Stewart C. Myers 著作，《Brealey & Myers 公司金融原理》，McGraw Hill 出版社，伦敦，2013 年第七版。

另一只手拿着金融计算器，非常自信地认为只要正确地运用这两个东西就可以洞悉宇宙的一切奥秘。然而，这事实上是一个聪明的骗局，因为 *Brealey & Myers* 只是教会他们如何能够顺利地通过考试，并没有教会他们如何正确地理解金融以便在现实世界中得以运用，它仅仅告诉这些毕业生内容，而背景和潜台词却没有告诉他们。

Brealey & Myers 并没有为这些金融毕业生讲述日常的投资管理实践，而只是告诉他们一些新发现的所谓的"知识"，或是一些常常会阻碍金融实践的结构性和行为性的问题，或是曲解了这些知识的应用。而且，它也没有明确地阐述在他们所学的金融规则中隐藏的信息。我们稍后会在风险的例子中进一步阐述这些意味着什么，现在让我们先探究一下回报。

任何关于回报的探究首先都会问一些问题，如"什么是回报？""它是如何衡量的？""我们为什么要衡量它，它会影响到我们关于最后一个问题的回答吗？"等。看到这里，我们并不惊讶地发现回答这些问题的答案远远比如今金融教育所涉及的复杂得多，从而金融教育以很大的视角来处理这些问题，以致实际上它并没有真正回答，因此我们对"回报"的了解并不透彻。

为了做好前期准备，我们首先要注意一些需要我们关注的重点问题，之后再进行探讨，并尽可能地将二者分离，这里说"尽可能"是因为这两者是完全相互影响的。

回报可能的形式或组合有哪些？在何种程度上考虑那些未实现的，甚至偶然发生的盈利或损失是有意义的？计算回报的周期是什么？如果已经确定周期，我们又如何运用这些周期数据？在何种程度上回报的衡量方法应该考虑时间对货币的购买力的影响？过去的回报可以告诉我们多少关于未来回报的事情？我们如何利用回报来估算甚至计算风险？

即便在对回报本质进行探讨的初级阶段，我们就可以抛出这些问题甚至更多的问题，这就意味着我们面临着非常棘手的挑战。这里罗列的每一个问题都可以用独立的章节进行阐述，但是这也许会使我们感到困惑，因为它们的回答经常指出迥然不同的研究方向，而当它们缺乏与我们新发现的内容相互关联时，这些研究大部分是毫无意义的。即使那样，在时空的特定时点，内容也会因独立投资者所处环境的不同而有所差异。

采用一种合适的方法来阐述这个话题广泛的构架是很推荐的，这种方法应该做相应的简化，从而消除了语言上以及哲学探究上的重重迷雾。我们首先来对"什么是回报"进行探究，诚然，这个问题是相对较为简单的一部分。我们将会阐述两个独立学派关于回报的观点，这些观点大部分是相互独立的，这反映了对方法采用截然不同的手段和渠道，也对罗列的其他问题提出了在很多方面非常不同的回答。

什么是回报

回报可以理解为对所有投资成果的测量，我们先来简单地了解一个很显而易见的问题"什么是投资"，对于这个问题，一些人可能会感到惊讶，因为这个问题在任何一堂金融课上都从未解决。这是一个很重要的问题，我们会在本章后面再次探究，我们先把关注点集中在探讨回报的本质上。

如果回报衡量的是投资的成果，那么它也一定能够衡量所有交易者的任何一笔金融交易的成功（或者失败）。实际上，这个过于简单的回答立即引发了争议。

甚至在简单的投资决定中，如在股票市场中从其他人手里买一些股票，出售者的回报是很清楚的，因为他们原先从别人那里购买股票，出售后可以很容易地通过比较两个价格的差额计算出他们的损失或是盈利。然而，我们无法像他们一样计算得失，除非我们卖掉股票。因此，在许多交易中，交易一方的回报是清楚的、现实的以及可以量化的，而另外一方的回报则是依情况而定的、未知的，对未来的回报可以预期，但并不能立即收到现实的回报。

再一次，这里是故意将其过分简单化，因为回报可以有两种形式，分别是收入和资本所得，公司的股票就是其中一个有这两种回报形式的例子，所以所有的交易者不仅仅要在已知的情况下考虑买卖差价，还要考虑在资产持有期的各种红利，如股利等。

我们将会更加深入地对这些问题进行探讨，我们也将一并探讨一个重要的现实问题，那就是这种对回报的测量是否正确地反映出了在实际生活中投资者拥有现实投资的真实性。然而，在探讨之前，我们应该注意两个同等重要的点，它们被金融界所忽视，因为它们无法很好地融入到规整的但狭义的世界观中。

第一，如果我们将投资定义为可以获得实质性回报，而所谓"实质性"是指回报要增加我们的资本购买力而非降低，那么就存在一些实际上不称为"投资"的投资。

主要的政府债券就是一个例子，至少在写本书的时候。假定一个政府债券到期时的回报[①]为 1.5% ，我们购买它并持有到期。假定现在的通货膨胀率为 3% ，那么是否可以说我们是预期获得财政回报而购买该债券的吗？很明显不是，因为即便我们不交税，我们也会遭受 1.5% 的损失（受通胀影响的购买力）。那么为什么我们还要购买该债券？

实际上，这个问题有两个潜在的答案，这两个答案都揭穿了完美的金融界关于理性的投资者基于数学计算来进行投资的谎言。毕竟，所有的人都能看出来 1.5% 小于 3% 。

---

① 债券回报在其整个发行的过程中包含两个部分：回报（利息或是息票）以及资本偿还（偿付或是到期）。

其中一个答案就是投资者可能是被迫（受管制或是直接政治压力的影响）做出这样的投资决定的，不幸的是，现今世界上在许多政府以及投资机构中都存在这样的现象，我在《我们所处的混乱》[①] 中对于其中的原因进行了解释。

另外一个答案就是购买者根本没有将该资产视为"投资"，而是将其简单地看做是现金的替代品。例如，如非寿险保险公司以及公司财政部的投资者可能会经历突然的未预料到的资金需求，甚至是如养老基金这样的长期投资将投资组合中的一小部分以资产的形式持有也是明智的，这些资产既拥有流动性（能够快速地变现）也拥有稳定性（其价格不会有大幅度变动）。这些优点是投资者很在意的，所以主要债券毫无疑问地都拥有这些优点。

总体而言，这些问题会对投资活动有很大的影响。如果债券市场上这些被迫购买者大量存在的话（偶尔由于中央银行回购其自己的债券），那么无论债券购买者想要追寻什么，他都不会获得实质性的回报，因此毫无疑问他们的购买根本不称其为"投资"。但是，投资与其他交易存在非常重要的巨大差异，这两者看起来或许很相似，但事实上却截然不同，而在现实的金融界中这种差异却被忽视了。因此，我们会如之前承诺的那样，在适当的时候对"什么是投资"这个问题进行深入地探讨。

第二，存在一个很重要但却被忽视的问题：一些所谓的投资市场却用于非投资意图。

一个投资的财政回报可能无法衡量，事实上，至少在算数的角度，这个回报也许根本就不算或是不能认为是"金融"，它也许是情感上的，无论是分开的还是总体的，它甚至也许会是更加抽象的物体：道德伦理。

[①] 盖伊·弗雷泽·桑普森：《我们所处的混乱：为什么政治家不能解决金融危机》，Elliott & Thompson，伦敦，2012。

两个例子可能会有所帮助。第一个例子会对所有参加过创业活动的人非常熟悉。二十年前，有一群拥有想法的人们开始了他们的创业旅程，他们相信这些好的想法可以满足实质性创业的需求，并且可以在创业的过程中为这些创始者产生巨额的盈利。现如今，这些人们中的相当一部分将他们自身定位为"社会企业家"，他们不仅寻求能够维持自身生活的薪金水平，还寻求各种更够有效回馈社会的机会。帮助失业者就业或是为困难家庭提供儿童看护，这些并不会使做这些事情的人富有，但是他们确实有做这些事情的情感上的动机，因为他们知道无论这些事情是多么渺小，他们也在用自己的力量让这个世界变得更美好。

相似地，世界上的许多投资通常是作为一种发展议程而被实施，尤其是在国际金融公司这样的经济主体中。在这里，对一个潜在业务或是项目进行投资仍被看做是以商业角度来说的，投资背后最重要的动机就是发展该国或是该地区的基础设施建设，以及/或是提高经济承载力。显而易见，这里所说的"回报"必然包含了一些超过现成的金融回报的内容，投资者一定可以得到更多的获益，而这些回报显然不能用数字来衡量，至少不能直接计算出来。

第二个例子能够以下述形式阐明：投资者必须在两只公司股票 A 和 B 中选择，预期 A 可以获得更高的财政回报，但是它涉及军火交易或是香烟交易，但 B 没有。如果投资者在此基础上选择 B，那么这就很明显地说明其中必然存在除了财政回报最大化的其他动机。

第一个是一个非财政回报的例子，或者至少回报不能全部用财政的角度来衡量，感情上的满足感对于一个投资者来说与财政回报一样重要。因此，以一种愤世嫉俗的态度来看，投资者进行投资活动也可获得政治上的成功、社会地位的提高以及权力和影响力的提升。

第二个例子更加适用于我们对风险的思考，因为它表现出了存在许多特定的风险类型，例如名誉和头条风险，它们不是对财政回报进行操作，因此也不能对它们进行数学上的分析。

现在，我们已经了解了许多针对"回报"的传统观点为何不足的原因。事实上回报是一个多层面的概念，这远不是金融领域所能涵盖的，它既可以是现实的也可以是因情况而异的，对于这些概念，我们将在更多细节上进行探讨，就如我们分析回报是如何用传统的方法衡量一样。但是在现实中，这个重要的区别常常是被忽视的。

事实上，回报可以由非金融的元素组合而成，那么我们是否可以简单地忽略这些因素仅仅是因为他们不能够计算出来？从投资中剥离出来后，这些非金融因素是否还可以作为研究的有效主体？或者是否唯有它才能衡量出投资交易和决定的最终结果？对于那些每天都进行投资的人来说，除了把它看作是一种投资操作外，这些非金融因素可能被看作是一个很奇异的存在，但是这里要预先假定在关于什么是"投资"方面存在着一些共识。

因此，这存在着许多的困难，甚至在讨论"回报"中，而这大部分都不被金融教授所知，因为所有有意义的谈话中的必要参考点从来没有进行探讨或是确定下来。

然而，从这一点出发，它可能会对我们观察从传统的角度审视回报有帮助，因为可以看到，即便是在公认的方法论中也存在许许多多的问题。让我们首先来探究一下回报的组成部分以及它可能存在的不同形式，之后再讨论回报可能如何测量，这里必然会牵扯出一些我们已然稍微讨论过的事情。

回报：所得和收入

简单而言，回报以一个或是两个形式出现：资本所得和收入。资本所得的例子包括以高于买价的价格卖出一项财产，收入的例子包括向出租财产的租户收取租金。在理想情况下，当你购买一项财产后，你应该希望并期待可以从以上两种形式中获益。

事实上，财产或是房地产是可以产生资本所得和收入这种资产类型很好的例子，例如黄金之类的资产可以产生资本所得但没有收入，而其他的资产如养老金可以产出收入但没有资本所得（至少不是直接的）。机敏的读者在这里应该已经发现一个潜在的问题了，如果不同种类的资产可以产出不同类型的回报，那么我们要如何找到一种能够很好地适用于所有类型并能有效衡量所有类型的回报的方法？我们将会在之后详细探讨，现在我们先简单地了解一下，之后继续。

回报：已实现的和未实现的

会计和银行家都对或有负债的概念很熟悉，或有负债是指可能会造成向第三方进行支付的义务，但目前还没有进行支付。我们暂时无法确切地得知可能的结果，结果可能取决于某人如被解雇的职员是否会起诉我们或是仅仅安静地走掉而忽略了所有他们拥有的法律权利，可能取决于一个特定的项目是否会如期并/或是在预算内进行，可能取决于税法部门存在争议的特定税法条例的正确实施，可能取决于一个等待审判的诉讼案件的裁决。

简而言之，结果的不确定性会是一种损失，无论是关于它是否会发生，还是关于如果事件发生，那么发生的程度如何。在一些领域，如健康和安全，"危险"和"风险"这两个词都用于描述这两个事件。一个危险是指一些不好的事情，一些可能会引发损害的事情。风险是指损害的程度，如果危险确实发生了，风险就可能产生。危险是一种可能性，如在很高的梯子工作的人们可能会掉下来，而在这里，风险就是指受伤的程度，即如果他们真的从梯子跌落所遭受到的损害。我们可以通过让操作者不使用脚手架仅仅使用梯子来限制距离地面的高度，从而来掌控危险，我们可以通过在梯子周围放置安全橡皮垫来控制风险。

对于所得即回报的资本组成，以及不太受欢迎的损失，也存在着相似的现象。事实上，我们会发现我们常常误解了收益就是收益或是损失就是损失，但是我们先抛开这个问题，将我们的目光集中于结果的不确定性上。

假定我们在股票交易市场购买了一些股票，在年底股票的市值会增长5%。投资者或是税务机构会认为5%的盈利是被"产生"或是"赢得"了，但是这并不确切，因为这个资本所得正如或有债务一样，我们可能赢得了5%的收益，但是我们想要确定这收益的唯一方式就是卖掉股票，将股票转化为现金才能真正实现利润。在这里，我们将其称为"现金的现金"回报，我们可以通过从出售股票而获得的现金中扣除购买股票的现金来简单地计算它。

假定我们决定今天不卖出股票，而是将在未来的某个时间卖出股票，那么在这种情况下，我们就不能说我们赢得了5%的收益，我们只能说我们可能获得了盈利。就如或有损失取决于外部因素一样，盈利也是由外部因素决定的，在本例中外部因素就是股票的市场价格。当我们决定卖出股票时，股票的价格很有可能更加高，当然，同样地，股票的价格也可能会反向移动，甚至价格会低于我们初始购买的价格，从而将盈利变为亏损。

我们将这种盈利称为未实现收益，这是相较于我们实际卖出股票取得现金，从而实现盈利而言的。我们在第5章已经讨论了关于人类本性的话题，人们总是回避不确定的事物，而偏爱已然了解的事物，从而未实现收益和损失被忽略这件事就变得很有逻辑了，至少原则上是这样的。但是事实上，这恰恰相反，它会对于一些事情产生主要的影响，如会计、税收、养老基金监管以及"回报"的衡量方式，这些都没有被正确地理解或是解读。例如，养老基金监管"按市值计价"的首要原则会指导人们在市场下跌的时候卖出养老基金，这反而会坐实损失，不如抓住这个机会购买基金，以期可以提高基金的长期基金头寸。

顺便回答一个显而易见的问题，"为什么不先卖掉股票，之后再用所得现金进行再次投资？"事实上，有许多原因可以回答为什么不是一个好主意。对于像房屋这样的资产而言，存在着非常可观的交易成本，如长时间地延误，尽管你发现了一个新的资产。对于一些投资者而言，尤其是在美国，销售和消费可能就会有截然不同的税收结果。对于投资经理而言，他们可能担心"频繁交易"会受到指控（过于频繁地卖出和买入以此来获得相应的交易手续费收入）。

为了更加便于阐述我们究竟如何没有全面地了解回报的本质，我们接下来分析一下回报通常是如何衡量的。

周期性回报

财务的工作是以时间为计量的，在评估回报时，金融界将时间分割成平滑的小段区间再对回报进行衡量，无论是正还是负，理论上它都会在每一段这样的区间发生。这里讲"理论上"是因为正如我们看到的，事实上它可能根本就不会发生，但是只有它存在发生的可能，那么将其列在议程中还是很好的。

上述我们讨论的回报是在一定时期内发生的，这种衡量被称为周期性回报，讨论中的周期可以是你想要的任何时间，如一年、一个季度、一个月，甚至是一天。怎样选择合适的时间长度很大程度上取决于你想要如何应用数据。对于长期战略决定，通常情况下采用年回报。而对于另外一种时间范围，术语称作 VaR（在险价值），用于计算投资组合中任意一天可能遭受的最大损失，在这里每天的回报是需要计算的。但是VaR 是否真的能够给予投资者任何有用的信息，那就是另外一回事了。

周期性回报是金融界的奠基石，可以确定的是一系列的精准模型奠定了它的基础，每一个模型都阐述了投资理论的一些方面，它们共同支持了一个谬论：在金融界中总会存在一个正确的解答，只要你应用了一个正确的模型并且输入了合适的参数可以很好地适用该模型，那么就可以得到正确的解答。

所以事实上，周期性回报是普遍存在的，也就是说很自然地假设你所接触到的所有的回报数据在本质上都是有周期的，通常情况下为一年。正如我们将要看到的那样，在我们对回报进行更加深入探讨的过程中，这一点将会有所体现，甚至当某人对回报持有不同看法，并精确地将其计算出来而且更加接近投资的真实值时，金融界大部分的人甚至都不会注意到它的存在，他们预期回报是呈周期性变化的，所以他们凭直觉地假设回报就是如此。甚至当出现一些怀疑的眼光发现事实上确实存在一些不同时，人们仍会假设尽管回报不是呈周期性变化的，它也可以当作是周期性回报来运作。

我们将会顺次讲述不同方法，但是我们必须先要了解金融界是如何处理超过一个周期的回报的。

首先，我们陈述一个非常明显却被广泛忽视的事实，那就是对于周期之前发生了什么以及周期之后发生了什么，周期性回报的数字其实根本就毫无意义可言。例如，1955 年的年回报只与日历年 1955 年所发生的事情相关，而对于 1954 年和 1956 年所发生的事情没有任何相关性。当我们在对复合回报率等一些概念进行探讨时，对该事实忽视的重要性将会非常明显。

对于周期性回报来说，有两个问题值得关注。第一，如果我们使用一个较大的时间段，那么其间任何一个周期性回报都只会存在边际影响。例如，如果我们观察 1946 年到 1995 年的年回报，那么我们就会有 50 个年回报数字需要考虑，因此无论我们想要如何运用这些数字，每一个年回报对于最终结果的影响都不会显著。第二，我们需要寻求一些方法来描述一系列连续的时间段内而非单一一段时间内发生的事情，这就是我们接下来要讲述的年化回报率。

年化回报率

假设我们观察 1970—1979 年不同十年的周期性回报，也许是一个特定的股票，也许是市场，也许是投资组合，我们要如何利用这十个年回报率并将其运用到整个十年期回报的计算中去？是的，这里有一种显而易见的简单的方法可以达到这样的目的，金融界求之不得地接受了这种方法。我们通过将这单独十年的年回报率进行简单加总再除以十，从而计算这十年的平均回报率，这个平均数就是年化回报率。之后你会读到一则关于特定投资产品的广告，这里会提到年化回报率，几乎可以肯定这就是你所看到的。

除了债券这一个例外，这种计算平均周期回报率的方法在金融界关于不同时期回报率的计算中得到了广泛的应用。事实上，这种计算方法在概念上存在若干重大缺陷。它没有反映出实际投资人持有投资的真实状况，也没有考虑现金的时间价值。也许更严格地来说，许多的资本类型的回报是根本不能够通过周期性回报来计算的，因此投资者不能有效地利用这种方法来计算其拥有的不同投资类型的相关回报。这一点其实非常重要，因为正如我们看到的那样，金融界利用周期性回报以及年化回报率来衡量所谓的"风险"，因此这些资本类型就不能列入传统"风险模型"的狭义定义中去。

然而，在我们转向对这些重要现实缺陷的研究之前，我们需要强调一个我们至今还没有探讨的非常重要的数学问题。

算数平均数

我们之前提到的在数学中称为算术平均数。在日常生活中，我们将其简单地称为平均数，正如我们在学校的数学基础课上所学习的那样，如果我们想知道一个班级所有孩子的平均身高，那么我们就会先衡量每一个孩子的身高，之后将所有的单独身高相加，最后再除以这个班级中所有孩子的个数。

在处理离散数据如不同孩子的身高的时候，数学家认为这种方法毫无问题，但是金融回报率是不同的。

要记得周期性回报就如实际收益和损失一样要考虑偶然事件，因此，在一些情况下，部分周期性回报甚至全部的回报是与该资产或是组合资产的市场价值的波动幅度相关。换句话说，回报不只是衡量该资产的价值，它还衡量该资产的价值与上一次所衡量的价值的增幅情况，就好像我们想要测量的不仅仅是每一个孩子的身高，还想要了解从上次测量完后每一个孩子身高的涨幅。

因此，我们在这里探讨的，想要询问数学家的并不是离散的数值，而是离散的数值随着时间变化以百分比的形式表达出来的波动情况。所以，如果我们计算出年化回报率为5%，这个数字的真实含义是说我们今年得到了去年所得的105%。

几何平均数

对于这种情况，我们需要其他的工具来计算，那就是几何平均数。这里我们不会将观测点（数字）进行相加，而是将其相乘，接着，不会像之前那样将其除以观测点数之和，而是将乘法所得的结果进行根式计算，从而将单独的年化回报率进行转化，正如我们之前在算术平均数中将所得数之和除以观测点数一样。几何平均数听起来很复杂，但其实不然。所有的数学家都无法坦然接受一个事实，那就是许多计算者和电子数据表都拥有几何平均数的功能，所以其实并没有必要了解几何平均数的计算方法（即便几何平均数真的有帮助）。

在我们继续研究之前，有两点需要注意，其中的一点极其重要，让我们先探讨另外一点。如果你根据上述的计算方法尝试进行计算，那么你就会发现一旦其中一个回报率为负值，那么你就会立刻陷入困境。为了解决这个问题，我们将所有的百分数以数字代之，比如5%用1.05表示，6.3%用1.063表示，5%的损失用0.95表示。一些人无法明白上述的表示，但没有关系，只有你真的想要自己计算出这个数据，你才会需要明白上述的表示。

重要的一点则是要明白这个计算过程的结果是什么、不是什么，这些总是被那些应该对此了解更深的人误解。我们已经对现金的时间价值有了稍微的了解，许多人认为几何平均数应该将现金的时间价值考虑在内，但事实却相反。在我们了解了未来现金流的概念之后，我们将会对这点了解得更加深入。现在，我们来探讨一下几何平均数到底表示什么。

所有的一切都是为了回答这个问题："如果我想要找到一个乘数，我可以利用该乘数将每一个年化回报率变成实际的结果，那么该乘数会是什么？"一个实际的例子可能会有所帮助。假设我们有五个不同的年化回报率，我们将五个回报率相乘得结果为1.225（这表示在这五个周期中的总回报率为22.5%），现在我们将1.225开五次方，得出结果为1.0414，它表示几何平均数为4.14%，但是这几何平均数的真正意义何在？简单而言，如果它能表示这五年每一年的回报率的话，这个乘数就能够产生22.5%或是1.225的总回报率，让我们试验一下：

$1.0414 \times 1.0414 \times 1.0414 \times 1.0414 \times 1.0414 = 1.225$

（忽略舍入误差）

再一次强调，如果你并不理解这些数学运算这并不重要。但是有一件事情一定要理解，因为它很重要，那就是几何平均数的运算与年化回报率的运算如出一辙，正如你在上述的例子中看到的那样。这一点为何会如此重要将在之后进行讲解。

第7章

回报的再思考

　　这本书的首要目标就是要指出金融界严重地且大量地误解了投资风险的本质，但是在指出这些误解之前，有必要先了解一下金融界是如何计算他们所认为的"风险"的。而在这之前，有必要正确地理解回报，因为在金融界精密的数学参数中，一个（风险）可以看作是另一个的产物。回报是用于计算风险的，要记住这里说的"计算"这个词，因为它很重要。

　　在第 6 章刚开始的时候，我们探讨了回报是如何计算的，了解了周期性回报的测量是通用的（除了债券，我们将会在之后进行探讨），这种测量也存在着一些严重的缺陷。现在，我们应该更加深入地对这些缺陷进行钻研，因为这些缺陷中的任意一个就会将我们在研究回报的道路上引向另一个完全不一样的方向。

周期性回报的测量不能反映投资现实

　　第 6 章已经说明了周期性回报的测量不能反映出一个现实的投资者持有现实投资的真实性，由于金融理论的主要目标就是指导投资者作出正确的决定，这一点应该是致命的缺陷。关于周期性回报不能反映现实，这个争论的首要一点是由两部分组成的，这两部分相互区别却又联系紧密。

　　第一，周期性回报测量迫使我们必须将或有收益和或有损失连同实际地考虑在内，或有收益和损失研究没有发生甚至可能永远不会发生的事情，就好像事实上它们发生了一样，它们考虑并不确定的结果，而且不是一成不变的。

　　第二，投资者如何看待持有一个资产以及投资者至少应该如何看待持有一个资产，这两点是相互矛盾的。有一种观点已经得到了人们许多年的认同，那就是任何企业的价值，更有逻辑的说法是任何企业的股票，都取决于企业未来形成的现金流。这些现金流必然是不能确定的，而且需要在特定假设下运用预期，但是原理是无可争议的。然而，周期性回报测量更偏向名义上的收益和损失，而不是现金流量。

第一点是故意要如此陈述的，这样才能通过使用各类限制条件来阻碍它，从而不会混淆该问题。我们应该承认，在一些情况下使用周期性回报测量并没有造成损害，而且我们也并没有有效的代替者。但是，人们在使用周期性回报测量时仍然考虑各种各样的或有事项，并将其纳入到前期准备中去，这就存在问题了。

有两种情况使周期性回报的使用毫无争议。其一，依照一个特定的日期，将一个数字插入某些数字中存在必要的要求；其二，投资者确实拥有非常短的投资期。

如果你需要准备一个投资公司的账目，或是养老基金，或是衡量一个投资管理者的业绩，那么表现出极度的真诚，并说"但是我们不会知道最终的结果是什么，我们会在销售后让你们知道的"，因为这并不是一个简单的买卖特权。如今，我们需要一个数据，这经常也是法定和程序上的要求，而唯一一个能够可以利用并适当的数字通常就是周期性回报了。

"以市定价"的会计准则条款以及年金监管成为了一个中肯的案例。如果存在一个资产的公开市场，那么就很难看到在一个特定时点上，资产的价值是如何形成的，除非运用市场价格，市场价格既是有效的，又是可以知道的。当事情发生异常时，特别是在年金中，人们并不晓得资产价值是"如何"发生异常的，所以人们集中注意力于"如何"发生异常，而忽略了"发生哪些异常"以及"为什么"。为了法定的审计而计算数据是一回事，毫无疑义地使用这些数据来作为投资战略计划的基础又是另一回事。

即便在这里，也存在一些非常重要的警告。如果存在可供审查的一些周期（通常为一年）可以获得而非仅仅为一个周期，那么这种情况就不再属于仅有周期数据是适当的且可供使用的情况了。我们将会介绍一个对回报截然不同的计量方法，这种方法会给予我们很多关于多周期内投资回报表现的有效指导。

还有，即使我们考虑的是单周期的情况，将周期性回报作为对投资管理者业绩的衡量方法也是需要注意的。回报每年可能会差别很大，考虑赢得了多少回报其实并不太重要，重要的是如何以及为什么会赢得回报。该投资管理者作出了什么决定？是基于何种假设？在每一个事件中，这些好的与坏的是否是基于当时所知道的（或是应该被了解的）？

我们已经分别陈述了这个话题的两个方面（或有回报以及现金流量），接下来让我们再回忆一下，并考虑一些更为广泛的情况。一个投资者如何或是应该看待持有一项投资？在没有研究"什么是一项投资"之前，回答这个问题是很困难的，我们将会在之后研究这个问题。但是先让我们接受一个公认的观点，即任何企业的价值在于其未来现金流量的现值，换句话说，我们所计算的价值就是将所有未来现金流量根据时间序列的长短（未来）换算为假设今天能够全部收到的金额。

诚然，这个本身是人为的操作。现实是我们今天不可能收到那些未来的现金流量，但是无论如何，任何一个 M&A（合并与收购企业）从业者都知道可以通过调整贴现率，或是改变一些假设，或是改变计算终点价值的时点，或是改变其计算方式在价值模型中做手脚以便得到其想要的计算结果。这并不是我们讨论的重点，这也并不意味着对于"价值"的任何看起来真实、正确、无懈可击的数据可以用这种方式看待。然而，有一点需要提出，那就是基本原理是正确的，即在理论上，任何企业的价值，以及它们的股票（权益）就是其未来现金流量的现值。顺便说一下，这个基本原理在债券市场上也得到了广泛的认同。

如果是这样，那么为什么其他资产类型会与债券和普通股有所不同呢？比如说投资者在对不动产进行投资时是否怀有不同的投资目标？也许这里有很多因素需要考虑，比如多样性、对冲通胀以及资产组合多样化，但是基本原理必然是一样的。投资者希望不动产在卖出时可以以汇总的形式获得未来现金流，并同时获得租金收入。所以，对于不动产，和普通股与债券一样，投资者已经或是应该将持有的资产看做是未来现金流量流入的一部分。对于其他主要的资产类型比如私募股权、对冲基金、基础设施建设、商品，原理都是一样的，甚至那些并不能获得收益的资产类型如黄金，也可以在投资者任意时间卖出资产时形成未来现金流量。

那么利用将或有收益和或有损失考虑在内而非仅仅考虑实际的现金流量的回报测量是怎样的明智，尤其在我们有选择的时候？

对于周期性回报不能反映投资现实的讨论，第二个讨论点是在于它没有正确的考虑时间因素。要记住，在第 6 章我们探讨了年周期性回报的定义，年周期性回报并没有将这一年之前以及之后的时间纳入到考虑范围中。还要记住，我们讨论过，在计算几何平均数时，我们实际上假设每一年都以同样的方法计算。这些都是非常重要的点，因为没有一个周期性回报的测量甚至是年化回报都没有将货币的时间价值考虑在内。

货币的时间价值

如果在今天收到一定现金或是在一年之后收到同样金额的现金中进行选择，所有人必然会选择今天收到现金，原因部分在于不确定性（我可能会在一年之内死亡），部分在于如果我在一年的时间里利用今天收到的现金进行投资，我很可能会通过投资增加已有的现金金额。

换句话说，在这两个现金流完全相同的情况中，比如现金流为 100 美元，当下的现金流的价值会高于未来现金流的价值。这听起来可能不符合逻辑，所以让我们首先澄清一些事情。每一个现金流的名义价值是一样的，都是 100 美元，那么现在的现金流的价值又怎么会高于未来现金流的价值呢？

我们这里所说的是每一种情况的金额都是现值，即今天的价值。我们今天得到 100 美元的价值很明显就是 100 美元，因为我们可以直接用它去超市购买价值 100 美元的商品。然而，一年之后收到的 100 美元在今天的价值却是少于 100 美元的。

有一个很简单的方法去验证这个结论。如果某人在今天向你提供了少于 100 美元价值的物品来交换你手中的 100 美元，你会接受吗？不会。如果某人现在向你提供了少于 100 美元的物品但是可以拥有一年后收到一些现金的权利，你会接受吗？从理论上来说，是否接受取决于你是否认为这是一个公平交易。

这是金融理论中一个非常重要的原理，这也确实是金融老师首先教授学生的原理。事实上，我们可以运用数学方法计算任何未来现金流的现值，该数学方法就是将未来现金流的价值除以一定的百分比（贴现率），即便这种方法不像金融界让我们相信的那般具有严谨的科学性，因为我们会选择贴现率，而这属于主观因素。

到目前为止，一切准备就绪。我们能够运用贴现率将一个单一的未来现金流换算成现值，即在未来某个特定时点收到的现金流量在今天的价值。我们甚至可以用这种方法将许多年后发生的现金流量换算为现值，例如，当计算收回租赁权价值时，有必要将超过一百年的未来现金流进行贴现。

当发生许多笔现金流时，事情会变得更加复杂，但是基本原理是不变的。我们准确地对每一笔现金流运用相同的贴现率，简单地通过计算来得到分别的现值，之后再将所有这些独立的现值加总得到净现值（NPV），它代表着在特定时点收到的所有未来现金流今天的价值。

要记住，我们假设所有投资的价值都是其未来现金流的现值。如此，贴现率为我们提供了一种获得任意资产有效值的方式。唯一的障碍就是在持有一项投资期间所收到的未来现金流是不确定的，最极端的例子就是不论是数值还是时间，现金流都完全不可预测。在这种情况下，我们只能基于该投资之前的数据通过持有期结束后已经发生的现金流小心谨慎地进行计算。

在其他情况下，债券就是一个很好的例子，现金流是完全可以预测的，除非发生了违约的情况。传统债券（普通型）是一个有效的借款凭证，发行者承诺在固定日期支付给购买方固定的金额（"赎回"或是"到期"），并同时支付固定的利息（息票）。在计算中，我们选择使用的贴现率将会反映出一些情况如通行利率、通胀预期以及可以察觉的违约风险。在"好的"政府债券发行者，如美国、英国、德国和日本，违约风险几乎为零，这就是传说中的"无风险"折现率。

因此，一份债券的净现值与其市值相等，不相等的唯一情况就是某些人不认同所使用的贴现率，在这种情况下，他们会收到以市值衡量的债券价值，通常该价值会特别高或是特别低，并且他们会在恰当的时候在市场上买卖债券。从而，对于"任何投资的价值仅限于其未来现金流的现值，并使用贴现率来计算其价值（净现值）"这一条原理，债券就是一个经典的例子。

只要存在可以计算回报的方法，而非仅仅是现值，该方法就会应用对未来现金流的贴现。当然，这里涉及内部收益率（IRR）。内部收益率是计算投资者通过收到一项资产特定的现金流而发生的复合回报率，将购买该资产看作是现金流的流出（自我们支付购买该资产的现金开始）。对于那些没有学习金融学的人们，IRR 同样适用，很容易地发现会重复利用贴现率，即将贴现率应用于每一笔现金流量的计算中，这会使净现值为零。

相较于年化回报率，IRR 有两个重要的优势：第一，IRR 关注的是一项投资实际的现金流；第二，IRR 将现金的时间价值考虑在内。其余的优势将在下文进行讨论。

有些人认为几何平均数也将现金的时间价值考虑在内，这是谬误。

几何平均数中每年的回报率确实是基于过去几年的回报率而得，但它并没有考虑到现金的时间价值。考虑一个情况，一笔现金流在资产持有期的第十年发生，如果我们将贴现率定为 10%，那么这笔现金流的现值将为其名义价值的 38.5%。一笔负的现金流有利于 IRR，而正的现金流则对 IRR 产生不好的影响。由于这个原因，如果存在一系列的现金流，你仅仅是改变它们发生的顺序，而并不改变现金流的数值，那么几何平均数很大程度上不会有改变，但是 IRR 就是上下波动。

因此，IRR 反映出的是实际的现金流量发生时的现值，而年化周期性回报率却不能反映。如果我们相信对于所有投资者来说，任何资产的价值都是其未来现金流的现值，那么我们想要找到对回报正确且有意义的测量方法，IRR 较周期性回报率更为妥帖。

正如方才所言，贴现率和现金流均涉及对债券价格以及偿还时的收益率的计算，债券价格就是净现值，而偿还时的收益率即其所剩现金流的 IRR，并且将购买时的债券价格确认为原始现金流的流入。但是，即便在金融界，又有多少人认为情况就该如此？这就是周期性回报的"霸权"，许多人认为债券的收益率就是某个年化回报率。

复合回报率广泛应用于债券，这个事实引发了一个问题：既然它如此贴近实际的投资，那么为什么它没有应用到其他资本类型中去？对于这个问题，可能的答案在于正如我们即将看到的，金融界遵循着一种对"风险"的特别定义，使得风险只能通过周期性回报率来计算。没有周期性回报就没有"风险"，没有"风险"就没有金融界。

投资时间范围

从另一方面，时间也扮演着重要角色。投资者忽视了一个事实，那就是大多数投资者已经或是应该进行长期投资。投资策略就是确定并分析你的负债情况，并将他们的情况与你的投资组合联系起来。负债是未来的现金流出，而资产是未来的现金流入。综观世界，大部分的投资者集中在养老基金、主权基金以及人身保险公司中。所有的这些都属于具有高度可预测性的长期负债，其他事情依赖于精算分析。尽管一些企业如非人身保险公司和银行不是长期投资者，但是绝大部分的企业是属于这个范围的。

他们不仅是长期的，而且在通常情况下他们并不去探究投资应该持有多长时间，这就导致长期资产如基础设施、私募股权和不动产的分配不足。在很大程度上，这样的混淆是无知的监管所导致的，该监管试图集中于流动性（在紧急情况下，将资产快速并容易地转化为现金的能力），而流动性仅仅涉及负债会快速且出乎意料地增长的短期投资者。然而，投资者和监管没有正确理解长期投资者本质不应该阻碍对于事实的认知。例如，研究表明，沃伦·巴菲特对伯克希尔·哈撒韦的投资拥有平均 20 年的持有期，甚至这个数据可能人为地低估了，因为分析可能被 2007 年不同寻常的交易数据所扭曲了，而且众多股票随着投资组合经纪人的离职而遭到抛售（在不同的十三年中情况并没有得到任何的改善）。①

因此，尽管对精确数值而言存在一些不确定性，尽管监管者似乎不尽其职，但是不证自明的是世界上绝大部分的投资巨头应该或是已经在其投资规划中确立为长期投资者，20 年对于至少一些投资者来说也许是一个具有代表性的投资时间范围。

鉴于此，当投资持有周期超过二十年时，关注周期性回报是不是真的有意义？如果每年的年回报率上下浮动非常剧烈，特别是大部分投资者都会持有的普通股，如果它们包括市场波动所导致的名义损失和收益，那么无论如何计算，探究平均回报是否真的有意义？即便是存在更

---

① Jacob D. Benedict，《沃伦·巴菲特的悖论》，AMI 投资管理白皮书，2010。网址：http：//www.amiinvestment.com。

好的选择——IRR？相较而言，持有超过 20 年投资期限的投资者应该不会对市值的上下波动有太多的关注，而复合回报率（IRR）才应该是他们应该关注的，因为它反映出了投资者在整个持有期间所赢得的现金流，周期性回报不能衡量这些而 IRR 可以。

再次强调，现金的时间价值应该是我们探讨问题首要的考虑。如果我们打算持有一笔资产 20 年，那么无论第 18 年或是第 19 年发生什么，无论发生的事情好与坏，都对今天几乎没有影响，相比较而言，今年以及明年所发生的事情对我们的总收入有着更深的影响，在第 19 年所发生的任何现金流的现值都会非常低。

投资者在作出投资决定时，会将现金的时间价值的重要性考虑入内。事实上，正如我们之前介绍的那样，他们受制于一种认知偏差，又称作双曲贴现，由于对不确定性的担忧，这种认知偏差使得投资者越过了曲线的最高点，因此他们不仅会将未来现金流进行贴现，而且贴现率会远远高于以逻辑理论和金融理论所推断的贴现率。所以，对于投资者来说，将一种根本不考虑现金的时间价值的回报衡量方法作为确认其投资最终是成功还是失败的尺度，怎么说得通呢？

对于一些资产类型周期性回报的无效性

周期性回报的另一个弊端，就是对于某些特定的资产类型，周期性回报不能正确表达其回报，其中最好的例子也许要数私募股权基金，而在私募股权中，最极端的例子要数风险投资基金，因为风险投资基金可能在 8 年到 10 年或是更长的时间内都没有明确的资产价值。即便有非常好的动机和意图，对于计算年回报率的任何尝试都要符合国际会计准则的规定，而且从一个投资管理的角度来看要完全有意义。虽然这已经超过了这本书的涵盖范围，但是由于私募股权基金特别是其资本流动是无法确定的，对其回报的衡量依旧存在不可克服的困难。

再一次强调，IRR 提供了很好的解决之道。尽管 IRR 对于衡量基金内资产的价值似乎没有意义，但是这只是现金流的衡量中的一小部分。尽管无可否认地说，在基金的整个持有周期①中需要一些技巧，但是最终可以计算出一个明确的且毫无争议的复合回报率。换句话说，IRR 使得我们可以有效对比所有资产类型的绩效情况，特别是长期绩效，还可以比较一些在现有的体制下无法计算的资产类型，比如类似私募股权基金的资产类型，它们不能简单地归入到传统的"风险模型"之中。

所以为什么始终使用周期性回报进行测量？

从我们迄今为止已经分析的情况上看，要证明周期性回报不能有效测量投资的最终收益是非常困难的。周期性回报似乎不能完全反映现实中的投资者着手处理以及看待现实投资的现实性，它考虑了或有收益和或有损失，且不仅仅基于现实的现金流量，但是没有将现金的时间价值考虑在内。众所周知，对于一些特定的资产类型，周期性回报是一个非常糟糕的测量方式。

继续使用周期性回报进行对投资回报测量的唯一可能的解释，就是不存在其他可信赖的选择，但是我们知道这个理由并不成立。将未来现金流进行贴现的方法如 NPV 和 IRR 可以解决我们提出的所有问题，此外它们还可以应用于债券以及占据全球资本市场大部分的金融工具。

因此，即便存在更好的方法，为什么世界上的所有人都利用周期性回报这个看起来很低级而且不符合要求的方法来衡量回报？其实答案已经在前文有所讲述，金融界对"风险"的定义就是以周期性回报衡量的，因此如果将衡量投资绩效的周期性回报弃之不用或是甚至说周期性

---

① 这里假设持有的资产可以按照其面值的金额兑换成现金。

回报不足信的话，那么金融界的基石就会动荡，最终崩塌。

现在是时候将我们的注意力转移到风险的概念上了。但是，在我们探讨之前，让我们首先明确地探究一下金融界是如何利用周期性回报夹计算风险的，我们确实需要理解它是如何计算的，以及它反映了什么。

利用周期性回报计算风险

本章我们已经探讨了一系列的周期性年回报是如何通过平均数将其进行年化的，我们先不考虑是通过算术平均数还是几何平均数进行计算，我们所关注的重点在于周期性回报是一个平均数。

众所周知，平均数是计算所得，不能通过观察所得（独立的年回报则可以通过观察所得）。假设我们想要研究的周期为 20 年，当我们结束计算时，我们拥有 21 个数值：1 个平均数以及 20 个独立的年回报。

假设我们将这些数字用图表中的横轴进行表示，最小值必然是小于零的数值（一年的损失），最小值位于横轴左侧，最大值位于右侧。由于研究的周期以及资产类型的不同，图的形状可能会非常集中，也可能会非常分散。就如"风险"一般，金融界计算并利用离散度来达到自身的目的。

首先，纸上画一条竖直的平均线，余下的数值要么在平均数的右边（平均数之上），要么在平均数的左边（平均数之下）。另外，平均数的术语就是均值（在第 6 章我们已然探讨过），所说的"均值离散分析"或是"均值的偏离程度"其实就是我们所讨论的。

这种分析听起来似乎很复杂，实则不然。你要观察每一个数值，计算每一个数值与均值的差额。例如，如果均值为 5.6%，观察值为 7.2%，那么记录的数值就是 1.6%，因为 5.6 + 1.6 = 7.2；而如果观察值为 4.0，那么记录的数值就变为 − 1.6%，负值表示该数值位于均值之下而非均值之上。之后，我们所有记录的数值相加，就如我们计算简单（算术）平均数一样。

这里有一点小小的瑕疵。因为有些数值为正，有些数值为负，如果我们仅仅是将它们进行简单地加总，这些数值之间就会相互抵消，最终我们会得到一个非常小的数值。要解决这一个问题，就要求我们在进行加总之前，将所有的数值进行平方，这样就可以将所有的数值变为正数，因为只要两个相同符号的数字相乘（无论正负）都可以得到一个正数。再将这些数值平方后，将所有的平方数进行加总。这个简单的计算方法被称为方差，它是对离散程度进行测量，也就是观察值是集中分布于均值周围（低离散度）还是分布较为广泛（高离散度）。

但是，我们为了避免负值而将所有的数值都进行了平方，这导致我们所得到的方差数额非常大。为了方便使用，我们将方差进行开方，就是将我们之前的步骤反过来。所得的结果称为标准差，"风险"通常就是通过标准差进行衡量的。

是否完全理解标准差是如何计算的并不重要，重要的是要理解最终计算所得究竟是什么。金融界将一项投资的风险（债券除外，我们将另外对其进行介绍）与其标准差看作一回事，都看作是对周期性回报偏理均值（平均数）程度的测量。

通俗地说，我们将其称为波动率，表示年回报率变化的程度，即每年上下波动的幅度。因此，就会出现"波动就是风险"的说法。如果资产回报在一个很小的浮动区间波动，那么该资产就会被看作是低风险投资。相反，如果资产回报每年的变化很大，那么该资产就会被看作是高风险的。

要想更全面地理解，有两点需要强调。第一，夏普指数是通过观察超额回报（超过无风险利率所获得的回报）以及相应的超额回报的标准差来衡量不同资产的吸引力，它是投资组合和资产分配操作的基本分析工具，遍布世界的投资公司每天都会利用它。

第二，利用标准差来预测未来收益的范围是有可能的。根据统计学理论，如果曲线呈正态分布（钟罩形曲线，大部分观察值都位于均值周围，越远离均值，观察值越少），那么我们就能够以 95% 的可信度相信，所有未来现金流都会落在距离均值正负两个标准差的区间之内。

现在，根据我们已知的，我们来概括一下金融界计算除债券以外的投资风险的方式。首先，它对遭到损失的可能性毫无所知，至少不是直接得到的。其次，它仅仅关注于对未来可能结果的计算，以及回报可能的波动区间。尽管"波动率"存在更为明确的科学内涵，但它仍常常应用于描述回报可能的波动区间。

第三，它是通过数学方式得到的人为计算结果，它是数学家钟爱的唯一解答。除非在计算过程中出现错误，不然只有输入数据改变，最终的结果才会有所变化。

第四，它依赖于一些特定的假设，只有这些假设成立，它才会有意义。最显而易见的假设就是投资回报必须一直呈正态分布，过去的数据对未来现金流有参考价值。另外，它还基于周期性回报是对投资绩效的有效测量这个假设。

事实上，我们还可以从另一个角度讨论金融界的风险，我们将会在下面的章节中进行讲述。也许你并不惊奇地发现，上述所说的关于金融界风险看法的论述还是值得深入探讨的。

然而，在我们转入研究风险之前，我们对已讨论过的回报进行简单概括。我们已然知道，回报有正有负，它可以用来衡量投资的最终结果。寻求正回报是投资活动的主要目标，我们将会在下一章节对此进行更为深入的探讨。而有一些回报本质上可能是非金融的，或者至少不能够通过精密的数学计算获得。

事实上，回报和风险之间存在非常清楚的联系，尽管在我们之前的讨论中这种关系看起来并没有那么清楚。金融界其实并没有那么严谨，它相信回报，尤其是周期性回报，可以用来计算风险。事实上，这种观点推动了另一种观点的流行，那就是在"波动就是风险"以及回报中存在一定直接的联系，回报水平越高，其所涉及的风险程度就越高。

我们可以看到，除了重要的债券之外，周期性回报被广泛地应用，而如 IRR 这样的复合测量却被忽略了。这看似非常奇怪，因为 IRR 可以反映出真实投资者持有投资的真实状况，考虑了现金的时间价值，并且允许任何资产类型之间的相互比较，而周期性回报并不具备这样的优势。

迄今为止，我们已经对什么是回报有了一些了解，但是对于实际中，周期性回报的严格本质、周期性回报以及复合回报的区别以及选择一方而非另一方的理由，仍存在一些我们并不清楚的地方。

债券

正如我们所看到的，债券在本质上就是借款凭证，在借款期结束时（到期）偿还约定的资本总额（偿还），并且同时支付约定的利息金额（券息）。奇怪的是，金融界看待债券的方式完全不同于其对待普通股（股票）的方式。更奇怪的是，这个显而易见的异常却没有人对其进行研究，相反常常被人们所忽视。

债券会产生现金流：券息的支付以及最终债券的偿还。股票同样产生现金流：分红的支付以及由于破产或是停业而对企业进行资产清算时所分配的金额。当然，在现实生活中，大部分投资者买卖股票并不在意分配权，因为事实上大部分上市公司并不会破产，提升并改善其经营模式，就如许多投资者会在债券流通时在公开市场进行买卖，而不会在债券刚开始发行时进行购买或是持有至到期。但是这些不应该遮掩隐藏在这些市场交易中的法律理论。

确实，它们之间存在许多不同。债券的券息是必须支付的，除非发行者违约，而公司的管理者可以自由决定是否要发放股票红利并且发放多少红利。在公司的资产负债表中，债券被看作是一项负债，而由股票筹集的资金被看作是一项资产。债券有固定的偿还日期，而股票却没有。但是债券和股票都是投资者现金流的来源。

即便投资者大量购买股票是由于股票是资本所得，但是有大量研究表明红利收入以及再投资才是持有长期股票投资的主要驱动力，为了更好地说明这个问题，一些股票交易所会提供"总回报"指数。尽管资本所得很好，但是它还是没有任何意义，除非只有通过卖出股票而将其转化为现金流后，它才有意义。

那么既然这两种资产类型都会对投资者产生现金流，那么为什么只有债券使用复合回报率有意义而其他（股票）资产类型不行？为什么一种资产类型要用实际的现金流来进行衡量，而且还要考虑现金的时间价值，而另一种资产类型却不行？另外，如果这些区别真实存在，那我们又如何能有效地将这两种资产类型进行比较？

我们再一次回到当初那个令人困惑的问题：如果存在一个显而易见的更优选择，那么为什么它不能代替周期性回报，或者至少可以并驾齐驱？甚至更令人困惑的是为什么至今都没有人对此进行研究？答案是因为金融界对"风险"有缺陷的定义，该定义的基础就是有缺陷的回报测量即周期性回报，因此金融界不会允许对周期性回报存在任何质疑，因为对后者的质疑就会削弱对前者的信心。

谈到风险，金融界已经决定对债券采取一个完全不同的定义，而这一次却是非常明确的定义。由于债券代表持有者可以从发行者中获得券息以及赎回总额，持有者的风险即为发行者在到期日前的任何时间内都可能违约，专业的评级机构对这样的"信用评级"进行评价。

然而，同时使用这两种截然不同的"风险"定义真的有意义吗？如果我们观察债券收益以及债券价格（这两者同时变化，变化却截然相反），发现最近几十年它们波动得非常厉害，那么我们在考虑股票收益而不考虑债券收益时将波动率考虑在内是否具有逻辑性？同样地，股票持有者的权利就是能够收取分红以及分配收入，那么忽略企业不愿意或是不能够支付的"风险"又是否具有逻辑性？

事实上，正如我们将在下一章节看到的那样，这两种观点的"风险"都不能接受，但这并不是重要的地方。根据金融界所言，金融是一门类似物理或是数学的科学。那么如果对于能够产生同样收益的资产使用不同定义的风险，特别是这两种资产有时还同时使用，而且并没有明确地解释如何运用以及原因，那么金融是否还具有科学性？

举个例子，股票交易溢价是指投资于股票而非债券所带来的额外的"风险"。正如你所料，股票交易溢价就是与那个虚构的"无风险"利率作比较。但是，股票的风险是由于历史周期性回报的波动率所导致，而债券的风险则是看作发行者违约的可能性，比较这两者怎么可能有效？

通过这些阐述，你已经感到非常困惑，无论是针对我们究竟对类似回报和风险这样重要的概念理解有多匮乏，还是针对我们究竟能够接受多少金融界贤人们的思想，即便那些思想在严格的检验面前都表现得如此虚弱无力。现在，是时候进行反击了。

在1959年《科学发现的逻辑》[①] 一书的前言中，卡尔·波普尔推崇了他称为的"历史"方法作为第一次解决任何问题时运用的解决之道，就是其他人在早期解决同样问题时所说的：

如果我们忽视了其他人……过去的所想所思，那么理性的思考就会戛然而止，即便每一个人仍会兴高采烈地自言自语……毫无疑问的是上帝会自言自语，因为没有别人值得和他讨论。但是一名哲学家应该知道他并没有比其他人更像上帝。

因此，在我们着手进行对风险意义的研究之前，我们先要明白过去那些杰出的作者都对风险进行了哪些论述，希望他们的这些思想可以为我们的探讨提供些许的指引。

---

① 第一次是以《研究的逻辑》一名出版的，Verlag Julius Springer，维也纳，1935。

第 8 章

风险观点（战前）
以及逻辑实证主义的影响

对于投资风险本质的研究实际上分为两个历史时期，第一阶段是在第二次世界大战之前，第二阶段是在第二次世界大战之后。事实上，正如之前提到过的，确切的分水岭是 1952 年哈利·马柯维茨发表的文章，这篇文章不仅在金融界获得了崇高的地位，而且还被金融界推举为教理。然而，分开研究战前、战后这两段时期是很合理的，因为至少从一个有影响力的作者看来，正是第二次世界大战的经历创造了一个全新的时代精神，而正是在这样的时代精神中，马柯维茨的文章背后的思想才得以生根发芽。我们将会回顾这两段时期，观察对于风险本质截然不同的观点在战前是如何表达的。

简单地说，尽管在战前曾出现过激烈的讨论，就如对待什么是风险以及风险是否与不确定性如出一辙一般，但是几乎达成一致的是无论它到底是什么，想要完全了解它都太复杂了，特别是它不可能进行数学计算。战后，这种观点被完全遗弃了，而且并没有对其进行反驳甚至是讨论。

彼得·伯恩斯坦在他的著作《与天为敌》[①] 中，阐述了人们态度翻天覆地转变的原因在于对第二次世界大战可怕的经历普遍反感，它衍生出了人们的一种情绪——能够也应该推动国际合作的发展，从而防止"二战"的再次上演，并且在总体上提高人们的生活水平。这在一定程度上可以通过一些新的国际组织的建立展现出来，如联合国、世界卫生组织、世界银行。

可是从理论上来讲，生活的任何方面都能够或是应该从大局方面考虑，这是可以控制的，当然如果你不能理解某些事情，你就不能控制它，而（许多科学家相信）如果你不能衡量某些事情，你就不能理解它。小说家奥尔德斯·赫胥黎来自于一个杰出的科学之家，他曾在写给他妻子的追捧者（他十分希望其也能成为他的追捧者）的一封信中写道，科学家仅仅是忽略了所有他们不能计算的事情。

---

① 彼得 L. 伯恩斯坦：《与天为敌：风险探索传奇》，John Wiley & Sons 出版社，纽约，1996。

为了能够了解其他对这种观点有重要影响的事情，我们也会参考第三方的材料来源，它们似乎在最开始时对于金融界的研究并没有一丝的关联，但是事实上它们不仅相关，而且还具有重要的价值，这就是哲学思想学派的成果——逻辑实证主义。

战前作家

在第二次世界大战爆发之前，曾经激烈地争论过风险的本质或是（在第三部分的案例中）曾权威地谈及过它的三个知名作家是弗兰克·奈特、路德维希·冯·米塞斯和约翰·梅纳德·凯恩斯。弗兰克·奈特是一位美国的学者，冯·米塞斯对他的观点赋予了高度的评价，而冯·米塞斯则是一位智力巨人，他在第一次世界大战前后都在维也纳主导着经济讨论的方向（金融那时还不是一个独立的学科）。弗兰克·奈特是卡尔·门格尔的精神继承者，卡尔·门格尔是奥地利学派的创始人，是诺贝尔获得者弗里德里希·哈耶克的指导者，弗里德里希·哈耶克的书《通往奴役之路》[①] 虽然受到了不当的忽略，但这本书确实成为 20 世纪最重要的文学著作之一。

凯恩斯是现代历史上最有影响力且最卓越的人之一，除了他在经济上作为一名学者、作者以及政府顾问，他还是一名成功的投资者，经营一家戏剧院并创办了戏剧节，而且他还是一个十分热情善良的人。令人难过的是，他的辛劳工作使他英年早逝。在过去，应该提及的是，他同样是那些曾被质疑、指责、辱骂（这取决于你如何看待）并且不能将他们的观点付诸于文字的作者之一，我曾在之前的书中提到他的观点是

---

① 弗里德里希·哈耶克：《通往奴役之路》，劳特里奇出版社，伦敦，2001。

如何被政治家扭曲来达到完全不同于他初始意图的目的的。[①]

奈特和冯·米塞斯在同一时期进行写作。奈特的《风险、不确定性和利润》[②]（以下简称《风险》）首次在 1921 年出版发行，而冯·米塞斯最好的出版记录同样始于 1921 年，并持续了将近 60 年（奈特直到 20 世纪 60 年代才开始积极出版图书）。冯·米塞斯在他自己的书中曾参考《风险》这本书，因此，很清楚地看出尽管他仍遵循自己的套路，他对奈特的观点仍很在意。反过来，凯恩斯参考了冯·米塞斯和奈特的观点。

在《风险》书中，奈特尝试去区分不同类型的不确定性，他区分了可测量的"风险"与不可测量的不确定性。事实上，这是个不全面的总结。他实际上将不确定性分为三个类别，而不是两个，区分它们的依据在于它们是如何被评估的。

第一种"不确定"是可以通过先验的方法进行评估的，用"先验"这个词句在这里十分奇怪。他这里想要表达的是经验观测值的意思，即能够出现明确的独立结果，例如投掷骰子或是投掷硬币。这些案例还对可能出现结果的数学计算很敏感，因为结果的可能性与它们出现的概率（比如六分之一）是已知的。奈特将这一类别归类为"风险"，尽管他是很随意的，因为他指出这个类别存在许多模糊不清的地方。[③]

第二种"不确定"（"实际不确定"）可以通过使用推测的具有代表性的数据来进行评估，例如在特定地区，一栋房子在任意年份发生火灾的概率。在这个例子中，我们可以用几年的时间在这条街道上散步，运用"先验论"的方法，记录我们所观察到的发生火灾的房子，但是：

　　通过先验论的方法来计算可能被火灾毁坏的建筑的数量，提出

---

　　① Guy Fraser-Sampson：《我们的困境：政治家为何不能解决金融危机》，Elliott & Thompson 出版社，伦敦，2012。

　　② 弗兰克·奈特：《风险、不确定性和利润》，芝加哥大学出版社，芝加哥和伦敦，1971。

　　③ 参见 1971 年版本的第 20 页，他讲述了"可测量的不确定"。

这样的建议就如同……利用统计来计算投掷骰子一样荒谬。①

这是一个重要的区别。投掷骰子的可能性可以通过数学计算（尽管，正如他之后指出的那样，这并不能保证实际结果），而房屋发生火灾的可能性却不能进行数学计算。就房屋发生火灾的可能性而言，所有我们可以做的就是通过过去的观测数据进行统计推测。这里有一段重要的文字：

> 这种区别的重要性……是第一类……可能性在现实生活中从来没有付诸实践，而第二类却是十分普遍。很难相信任何程度的商业"风险"可以提前计算其在所有不同可能结果中出现的概率，如果这真的发生，它必然是通过经验的结果得到的，而"如果这真的发生"是一个很重要的假定……

他继续写道：

> 统计检验从不给出十分精确的定量结果。

"从不"这个词语是非常重要的，因为从这本书的整体来看，显然奈特很谨慎地选用词汇，在这里他是故意使用如此绝对的表述。在任何情况下，除了在可以观察到数量有限的结果的二项分布且所有结果的可能性可以计算的这种情况，均值—方差分析的这种统计方法不可能得出一个"十分精确"的结果。正如我们将要看到的，冯·米塞斯和凯恩斯在这个方面是一致的。

因此，马柯维茨和其他作者后来的著作很明显地与奈特的观点背道而驰，就像冯·米塞斯和凯恩斯一样。这一点至关重要，因为马柯维茨学派的观点不仅仅成为了主流，而且还成为了正统思想，而那些早期的

---

① 弗兰克·奈特：《风险、不确定性和利润》，芝加哥大学出版社，芝加哥和伦敦，1971，215页。

观点如今已经被完全抛弃了。这就暗示着奈特、冯·米塞斯和凯恩斯的观点都是错的，但这毫无依据。我们在之后会对此进行论述，但我们要先清楚我们正在讨论什么。第二次世界大战以前的那些作家（奈特、冯·米塞斯和凯恩斯）都直截了当地阐述了人们不能运用数学模型来预测未来投资的结果，而"二战"后的学派仅仅简单地忽视了这些观点，毫不质疑地假定这些数学模型是存在的，并竭尽所能地创造更加精确的模型。

奈特将不确定性的第三种分类称为"预估"，它可以被迅速地解决。统计学上的推断完全不能帮助你进行"预估"，你唯一能依靠的就是你自己的主观判断。他说，有时候你可能会有一些统计数据可供使用，但那也是基于你的主观评价之上的。对此，一个很好的现实案例就是，有经验的投资者会使用主观评估来提前判断一个 12 年期私募股权基金的回报范围。

他还提出了一个很有趣的观点[1]：无论基于均值—方差分析提出多么精确的计算，人们对风险的认知在本质上都是二项的，人们会将结果的不确定性看作是在已知情况下特定的结果是否会发生。他并没有针对这一观点提出任何的实证依据，但这一观点已经被后来的学者忽视了。如果这个观点可以得到实证数据的支持，那么它就能证明关于投资风险的传统方法是无效的，这多么遗憾呀。

让我们现在转回到冯·米塞斯的著作中，特别是《人的行为》（1949）[2] 和《经济学的最后基础》（1962）（以下简称《基础》）[3]。为了便于理解为何冯·米塞斯的著作对于正确理解风险如此重要，我们有必要退后一步来了解在他的理论中市场是如何运作的。也许这些在今天鲜为人知并不令人惊奇，最令人意外的是一般而言，奥地利学派的著作

①　参见如 1971 年版本的 234 页。
②　路德维希·冯·米塞斯：《人的行为》，耶鲁大学出版社，纽约，1949。
③　路德维希·冯·米塞斯：《经济学的最后基础》，van Nostrand 出版社，纽约，1962。

在诸多经济学书籍中似乎是比较浅显的，但是它们却至关重要，因为如果它们是对的，即便只是部分正确，那么如今现有的衡量风险的整个基础就会遭受致命的冲击。

这被如此众多的作者和学者忽视确实令人十分困惑，但这就是事实。虽然凯恩斯在他的《通论》中提及了奈特和冯·米塞斯的著作，但是在"二战"后的某些时期它们却逐渐消失，这可以看出后来作家的一个潜在的趋势——简单地忽视那些与他们不一致的观点，这非常具有人性的特点，也非常具有学者的特点。曾经提到，伯恩斯坦在他的著作中论及马柯维茨时暗示过这一点：[①]

他的方法反映了在"二战"后早期的一些风气，当时许多社会学家正着手复兴维多利亚时代关于衡量的信仰以及对于世界上的问题都能够得以解决的信仰。

我们可以大致了解他想要表达的意思，或者至少他暗示的意思：用数学来进行描述和计算。

让我们重温一下，凯恩斯在 1936 年出版了《通论》[②]，马柯维茨关于风险的第一本著作是在 1952 年出版的。[③] 就在一年后，罗伯特·海尔布鲁诺出版了《改变历史的经济学家》[④]，在这本经济学著作中并没有提及冯·米塞斯的任何言论，伯恩斯坦的《与天为敌》[⑤] 中也未曾提及，尽管这本书被广泛地认为是研究风险领域的权威著作，托德·布赫霍尔茨的《经济学大师们》[⑥] 与雷格·曼昆的《宏观经济学》[⑦] 中同样没有涉及。但是，冯·米塞斯所处的那个时代，他在维也纳仍被认为是

---

① 彼得·伯恩斯坦：《与天为敌：风险探索传奇》，John Wiley & Sons 出版社，纽约，1996，249 页。

② 约翰·梅纳德·凯恩斯：《就业、利息和货币通论》，麦克米伦出版社，伦敦，1936。

③ 哈利·马柯维茨：《资产组合选择》，载《金融杂志》，7（1）。

④ 罗伯特·海尔布鲁诺：《改变历史的经济学家：这些伟大经济学家的生平、时代和思想》，西蒙·舒斯特出版社，纽约，1953。

⑤ 彼得·伯恩斯坦：《与天为敌：风险探索传奇》，John Wiley & Sons 出版社，纽约，1996。

⑥ 托德·布赫霍尔茨：《经济学大师们》，企鹅出版社，纽约，1989。

⑦ 雷格·曼昆：《宏观经济学》，Worth 出版社，纽约，2002。

世界上著名的经济学家之一，他的门生弗里德里希·哈耶克也曾被认为是仅次于凯恩斯的经济学家，直到他发表了许多与当时主流观点非常不一致的思想著作。

那么冯·米塞斯关于市场是如何运作的观点为何如此具有颠覆性？这恰恰因为他们反驳了整个基础的理论体系，这些理论如今我们仍认为（以及传授）是传统金融理论的支撑。

由亚丹·斯密创始、艾尔弗雷德·马歇尔（凯恩斯的老师）等发展的传统理论认为，投资者是理性的，市场价格受供需影响而上下波动。但是马歇尔认为供给在短期保持不变，所以市场价格受需求影响较大。需求反过来由边际效用决定，市场参与者会最先寻求满足其最紧迫的需求，而会放弃其他一些在他们看来拥有较少价值的事物，这就是机会成本。假定市场可以自由运作，供给和需求的共同作用可以达到市场均衡，并得到一个市场价格，在这个价格上，市场中的大部分参与者都愿意进行交易。

冯·米塞斯认为现实并不是这样的。市场参与者并不是愿意用与交易商品等价值的金钱进行买卖，这些市场参与者仅仅会用一些他们认为低价值的东西去进行交换，买方和卖方都会认为他们在这场交易中占了便宜，无论这个便宜是多么微不足道。否则，在正常情况下（除了如高通货膨胀的特殊情况外），他们更愿意持有货币以便进行未来消费。

因此，市场活动取决于个人参与者对任一商品所赋予的价值。显然，这些价值取决于人们的感觉和认知。两个不同的人不太可能在同一时间以同样的眼光看待一件物品，同样，一个人也不太可能在不同的时间以同样的眼光看待一件物品，尤其是所处的环境已经改变了，包括已经购买或出售的商品（这一点直接与假定相违背，假定认为投资者的行为都是理性的，并且风险可以也必须能够客观地计算，这两点都是现代投资组合理论中的核心思想）。

由于人类的价值观是模糊多变的，并且经常是难以描述的，还由于市场均衡是人类基于这些价值所做出的决定的结果，过去的结果不能对未来进行预测。冯·米塞斯非常坚定地阐述了这一点，举个例子，在《基础》中提及：

> 在人类行为的范围中，任意因素之间并不存在相关性，这就导致不存在测量和量化的可能……由于受到一个思想的误导——人类行为学模仿了自然科学的技巧，许多作家都决心研究经济学的量化……他们尝试在这些众多数据中寻求数学联系，从而获得他们所谓的相关性和函数，这与自然科学相似。他们没有意识到在人类行为的领域中，统计总是历史的，所谓的"相关性"和"函数"只能描述在特定一段时间内所发生的事情……作为特定人类群体的行为结果。作为经济分析的一种方法，计量经济学是一个幼稚的数字游戏，它并没有对经济的现实问题作出任何的解释。

在《基础》中他还写道：

> 统计学提供了关于历史事实的数学信息，也就是关于在特定时间段对于特定人群在特定区域内发生的事件，它处理的是过去的事件而非未来的。就像任何过去的经验一样，它可能碰巧对未来的计划产生了重要影响，但是这并不能说明这就对未来是有效的。

对于我们将要讨论的，这个思想很重要，所以我们需要对冯·米塞斯在这里所说的观点十分清楚。如果你要使用类似经验观测值（从科学实验中推理得出）的方法，并且运用数学运算来分析数据，那么你只能运用如物理这样的自然科学的技巧。但是，金融数据并不是物理现象的结果，而是人类行为的结果，人类行为反过来取决于人类的决定，决定又在很大程度上受情绪的影响，因此金融是一门行为学，而非自然科学。金融充其量是一门研究人类行为的社会科学，就像心理学或是社会学一样，它永远都不会是一门类似物理的自然科学。正因为如此，观测值以及数学运算对于未来都不能提供任何有效的、通用的指导。

为了完整，冯·米塞斯在他关于不确定性的方法中运用了与奈特一样的系统，尽管他用了不同的术语。他在《人的行为》中写道，有两种不同类型的不确定性。第一种是情况概率（Case Probability），它表示你知道所有可能的不同结果以及它们发生的概率，但是你却不知道将要发生哪一种结果，这种情况就像投掷一枚骰子。

第二种是类别概率（Class Probability），冯·米塞斯举了彩票的例子来进行说明，在已出售的 90 张彩票中抽取 5 张中奖彩票，但是并不知道哪五张彩票会中奖。这就是他所说的"赌徒谬误"：仅仅因为你也许能够通过数学计算出每一种可能结果发生的几率，但这并不能真正对你的决策有任何的帮助：

数学家混淆了可能性。最开始的时候，在处理概率的积分计算时就有模糊不清的地方。当德米尔询问帕斯卡关于投掷骰子的问题时，伟大的数学家就应该坦白地告诉他的朋友：在一个全凭运气的游戏中，数学对于赌徒而言毫无用处。

相反，他将答案掩藏在了数学的符号语言之中，原本可以简单地用正常的几句话就能解释清楚的事情非要用绝大多数人不熟悉的术语来进行阐述，所以大家对此都持有诚惶诚恐的态度。人们认为这些令人困惑的公式中包含着一些门外汉无法看懂的重要启示，他们还认为科学的赌博方法是存在的，那些深奥的数学教导提供了获胜的秘诀。极其神秘的帕斯卡无意地成为了赌博的守护神，关于概率的积分计算的教科书也无缘无故地为赌博进行了宣传，这正是因为他们将书与门外汉相隔。

如果对于金融市场是由人类情绪而非数学因素推动的观点听起来很耳熟，那么这可能是因为凯恩斯不仅仅在他的《通论》① 中提出过这种观点：

---

① 约翰·梅纳德·凯恩斯：《就业、利息和货币通论》，麦克米伦出版社，伦敦，1936。

我们大部分的积极行为取决于自发的乐观主义而非数学预期……我们决定去做一些积极的事情……只能看作是动物本能的结果——自发的本能是行动而非不作为，这并不是平均量化收益的权重乘以量化概率的结果。

在马柯维茨论文发表的十六年前，还有另外一名德高望重的经济学家曾说尝试用量化方法去预测未来市场的行为是没用的。因此，更令人困惑的是未来的这些金融学者简单地忽视了这些观点，并努力尝试他们的前辈誓言坚决放弃的东西。他们并不认为他们的所作所为需要任何辩解，尽管这公然挑战了至少三名非常杰出的权威人士的著作。

为了理解事情为何会这样，我们必须回到之前提到的非金融作者。

逻辑实证主义

尽管逻辑实证主义学派的真正创始人是乔治·爱德华·摩尔和伯特兰·罗素，但是正是维亚纳的路德维希·维特根斯坦通过他 1918 年的著作《逻辑哲学论》① 发展和完善了该学派，并通过这样做解决了这个学派的所有问题。因此，他延长了在奥地利当中学教师的退休时间。

维也纳的思想很重要，许多具有重大影响力的经济著作都是出自这里，这正是因为每天晚上这里都进行各种各样的讨论，包括维也纳学派，学术讨论非常激烈并跨越了学科的限制。从英格兰来此拜访的罗素成为了维也纳学派的定期邀请嘉宾。维特根斯坦虽然仍旧保持了他在学术地位上的绝对优越性，他仍然是该讨论中最热情的演讲者。经济学家对哲学家所谈论的内容非常在意，这可以通过一个事实证明——冯·米塞斯在其著作《基础》中用重要的篇幅抨击了逻辑实证主义，包括

---

① 路德维希·维特根斯坦：《逻辑哲学论》，劳特利奇出版社，伦敦，2001。

"实证主义的谬误"① 以及"实证主义和西方文明的危机"②，这既能够证明冯·米塞斯认为实证主义与经济思想存在密切的联系，又能够表明他非常不认同实证主义，他不认同实证主义的基本教学，也不赞同将它应用到他所认为的自然领域之外的领域中。维特根斯坦非常著名地将其关于"全部真理"的观点归纳为非常简短的 7 个命题，这些言简意赅、精妙绝伦的命题公然蔑视了哲学学者的所有简要的解释。然而，他区分了能够被阐述的（《逻辑哲学论》最先是用德语撰写的）以及不能被"阐述的"，这是普遍认同的。这 7 个命题的最后明确表达了对于那些不能被阐述的，我们必须保持缄默。换句话说，只有那些能够被"阐述的"才是哲学正确的研究对象。

能够被阐述的事物必须在物质上能够观察，或是能够通过物质观察推断出来（"物质的世界就是全部真理"），并且能够归纳为一个"命题"，该"命题"反过来是"真值函数"。换句话说，为了成为真理并具有显著性或是有效性，一些事情必须能够归纳为一个逻辑命题，例如"若 A 则 B，或是若非 A 则 C"。因此，维特根斯坦等经常阐述他们的理念——不存在问题，只有难题，也就是如何用公式表达事物的难题。在剑桥的一个寒冷的冬夜里，卡尔·波普尔非常有名地反驳了这个观点，使情绪不稳定的维特根斯坦愤怒地离开了房间，这是他第一次向他的对手挥动了拨火棍。③

正如前面提到的，波普尔非常不赞同这种观点，他在《无尽的探索》④ 中写道：

> 我始终相信仍存在真正的哲学问题，这些问题不仅仅是由于语言的使用而引发的难题。

---

① 第 7 章的最后一部分。
② 整个第 8 章。
③ 大卫·埃德蒙和约翰·艾定诺：《维特根斯坦的拨火棍》，费伯出版社，伦敦，2001。
④ 卡尔·波普尔：《无尽的探索》，劳特利奇出版社，伦敦，1992。

　　逻辑实证主义思想的改革反映出了在我们今天所谈论的金融和经济学范围内的一个争论，该争论大部分都用德语进行，最终成为了"方法论之争"。一方面，所谓的德国学派认为只有基于数据资料的量化分析才是推动理解的可接受的方法。而奥地利学派反对这一观点（最开始以卡尔·门格尔代表，但是冯·米塞斯继承了他的衣钵），他们认为数据资料通常既不能获得也不可靠，迄今为止，在众多事件中，量化分析也只能保证两者中的一样。他们相信量化模型不能用于预测未来市场的结果，而概念分析在推动理解方面却能够发挥重要的作用，就如同主观评价在金融决策中那样。

　　冯·米塞斯将其看作是尝试将自然科学所应用的经验观测与量化分析的方法运用到他们从未涉及的领域中去，如人类行为学和金融的不确定性。

　　他指出，唯有可测量的事物才能够进行有效研究的观点是非常愚蠢的，实证主义，他说道：[①]

　　它所作的贡献倒是不值得注意，反而它想要阻止的事情倒是值得我们注意。它的主要推动者是那些思想狭隘且有偏见的教条主义者……认识论的任务就是揭示实证主义的谬误并对其进行驳斥。

　　奈特、冯·米塞斯和凯恩斯都曾非常关注"方法论之争"以及逻辑实证主义思想，他们同样很关注这些知识分子所谈论的立场的重要性，所有的人都强烈地反对将金融思想归纳为数学体系的有效性。虽然他们的论证并没有被证明是错误的，但是无论如何，实证主义的思想渐渐地取得了完全胜利，以致在第二次世界大战之后作家们都认为没有必要承认反对观点的存在，更别提他们如何对其进行反驳了。

　　逻辑实证主义者的影响如今并没有得到广泛理解。尽管维特根斯坦的名字众所周知，但是他的哲学思想却并不那么家喻户晓。非常讽刺的

---

　　① 定位1922，Kindle版。

是，在维特根斯坦的后半生，他创作了《哲学研究》①，这本书在其逝世后出版。在这本书中，他有效地反驳了《逻辑哲学论》中的方法，认为概念分析、语言和定义的问题事实上是有效的哲学方法。然而，尽管每一个人读过或是自称读过《逻辑哲学论》，却似乎没人读过《哲学研究》，可能是因为这本书太长了，但更有可能是因为这本书不像《逻辑哲学论》，它并没有提到流行的电影或是电视节目。

到这里，我们非常清楚地看到，维特根斯坦承认其在剑桥的那个冬夜里认为"不存在问题，只有难题"是错误的，波普尔是正确的。对知识的追寻并不仅仅是将事情归纳为逻辑命题和数学方程，更重要的是追寻事情的重要本质以及他们是如何与其他事情联系起来的。概念和定义并不是不相关的，它们很重要。对一个你可能不必寻求答案的问题进行探究也许是一个无用的步骤，但它是将探究引向更深的（即便不是全面的）理解层次的首要步骤。

可悲的是，由于几乎所有人都没有看到维特根斯坦逝世后所出版的书，逻辑实证主义的思想仍然影响着知识的众多领域，不仅仅是爬满常青藤的这面金融之墙。除非这件事情可以归纳为数学符号并能够计算，否则它就不是有效的研究对象。如果某件事情需要下定义，那么一定要确定这件事情能够通过计算来定义，无论定义是人为的，甚至是在语言分析中具有误导性的。即便维特根斯坦作为他那个年代的伟人，他最终也会承认这种方法是错误的。如果维特根斯坦的方法是错误的，那么马柯维茨也是错的。《逻辑哲学论》终究对整个知识系统不具有指导作用，但是它拉响了通向错误理解不确定性的道路上的警笛。

为了了解《逻辑哲学论》的思想是如何引导金融界走向歧途的，我们会在第 9 章探究那些在"二战"后研究风险的作家们，自从人们开始关注风险以来，"二战"后人们的态度明显地转变了，准确的时间是 1952 年。

---

① 路德维希·维特根斯坦：《哲学研究》，John Wiley & Sons 出版社，纽约，2009。

传统的思想是风险这一事物太复杂以至于难以理解，而且它不能进行数学计算，突然这一思想的对立面开始占据上风。不仅人们可以理解风险，而且可以掌控风险，掌控风险的工具就是数学。突然之间，理解风险完全变成了计算公式的表现。我们正是通过这种自身非常"危险"的观点"理解"风险，这种观点在如今的世界中仍然盛行，并且成为了非常复杂的金融著作的隐含前提，这种观点包含了众多发表在学术期刊上的代数公式。

值得注意的是，相比之下，专业的投资会议上的那些演讲者和研究小组越来越质疑这种新的传统观点。尽管很少有人做好充分的准备对此进行驳斥，或者甚至是进行阐述，但是在大多数讨论中的周期性回报的专制仍是一个非常困惑的事情，然而可以确定的是波动率并不能成为全部。尽管这非常引人注意，但自称能够理解、反映以及表达一切在投资市场发生的事情的金融界竟然脱离现实到达如此境地。

为什么这些事会发生？迄今为止，唯一可信赖的解释是战争孕育了新的思想。正如伯恩斯坦所谈论马柯维茨的方法：

他的方法反映了在"二战"后早期的一些风气，当时许多社会学家正着手复兴维多利亚时代关于衡量的信仰以及对于世界上的问题都能够得以解决的信仰。①

这充其量相当于一个模糊的解释，尽管毫无疑问它有一些正确的地方——证明了在那段时间内所发生的国际举措和协议，所有的机构都致力于达到崇高的人道主义目标。事实上，尽管如此，关于这段引文最有趣的事情是伯恩斯坦在无意之中提及金融是一门"社会"科学，这个观点的重要性将在以后进行阐述。

事实上还有更好的解释，之所以更好是因为它更具有说服力，我们可以通过清晰的经验观测对此进行证明。马柯维茨在学术上并不诚实，

① 彼得·伯恩斯坦：《与天为敌：风险探索传奇》，John Wiley & Sons 出版社，纽约，1996，249 页。

"不诚实"这个词使用起来很严格，所以我们要十分清楚在这种环境下它究竟代表什么意思。

提出案例的主张者有责任引起反对其言论的权威人士的注意。相似地，学者有责任引用所有相关的文献，无论是支持他观点的还是反对其观点的。正如我们已经探讨的，包括波普尔在内的权威人士明确地认为任何知识的推动都有一个必要的先决条件。然而，马柯维茨在其 1952 年的著作中并没有提及，正是在这种情况下，"不诚实"才能够应用。

相反，马柯维茨简单地忽视了一个事实：三个伟人之前曾强烈地、中肯地表示他现在所做的事情——对风险进行数学测量——既是不可能的也是很危险的。他并没有允许读者们了解这个观点的正反两面，从而让读者自己决定，这种方法当然包含说服读者，让其认为他的观点更加正确。相反，他绝口不提对立的观点，仅仅是阐述了他自己的观点。

然而，在我们分析马柯维茨关于风险的观点之前，我们先沿着评论的时间轴进行探究。

第9章

风险观点（战后）：
理论变成教条

马柯维茨 1952 年①的著作所表述的思想非常清楚，他认为多样化的投资组合必然会比单一的投资组合更加具有吸引力，这是基于一种假设——回报的变动是不受欢迎的，以及经数学验证拥有许多不同种类股票的投资组合可以减少回报的波动。

但是由于众多单一股票的回报与其他股票的回报具有高度相关性，不可能消除（更别说减少）回报的波动性，同样对于任意一个投资组合而言，不可能显示出最高回报和最低回报。一旦有效的多样化实现了，那么：

就会存在一个投资者以承担波动性为代价而获得的期望回报率，或者是以放弃期望的回报而减少波动性的比率。

需要注意，马柯维茨并没有明确地表述风险和波动率（方差）是同一回事。但是，正如伯恩斯坦所观察的那样，这篇文章的结果显示，波动率和风险是同义的，"马柯维茨将投资风险进行了排序"。

这样说的理由就隐藏在文章开始时的清晰论述中：

选择资产组合的过程也许可以分为两个阶段。第一阶段开始于观察和经验，结束于对可获得证券的未来收益的预期。第二阶段开始于对未来收益的相关预期，结束于投资组合的选择。

这里似乎暗示着马柯维茨相信（至少可以确定他假设）通过观察过去的投资表现，我们可以对未来收益进行预期，他很自然地假设未来收益可能波动（回报方差）的区间可以通过使用过去的投资表现进行计算。因此，他很可能"相信"未来的收益可以通过数学计算的概率获得，而非从经验、判断和直觉中获得。

因此，马柯维茨的基本思想即他的假设——一项投资的所有重大风险可以通过历史周期性回报的方差进行计算，被进一步推进并被广泛地采用。正如伯恩斯坦提出的，这不仅仅是他的关于多样性能够减少波动率因此多样性是有益的思想。与简单地撰写相反，后者对于那些实际从

---

① 哈利·马柯维茨：《资产组合选择》，载《金融杂志》，1952，7（1）。

事投资工作的人来说并不是多么震惊的思想，而前者很快就成为了金融界的教条。

我们已经意识到马柯维茨并不准备为他的基本思想进行辩解，更别提奈特、冯·米塞斯和凯恩斯的相反观点了。他只提到了三名之前的作者，一名是研究概率论的数学家，另外两名都是在"二战"前研究价值（并非风险）特性的作者，而且其中一名作家所研究的价值是企业内的而非投资组合中的价值。但是，尽管存在明显的不足即对其波动性就是风险的观点没有提供任何的证明，他的观点也立即被人们接受。在主要的学术数据库①中搜寻标题如"投资风险的特性"，从1952年开始的文献中不止一个结果。

有趣的是，另外一篇1952年出现的著作采用了一个截然不同的方法，但似乎被忽略了。罗伊1952年的著作②从本质上讲是一篇数学论文，但他确实提出了一个有趣的观点。基于（尽管并不确定）奈特关于人类并不平等地对待损失和收益的观点，罗伊认为我们并不追求收益的最大化，而是在保护我们不遭受巨大损失的情况下寻求一定量的收益，例如我们使用多样化的投资组合。他建议我们不应该将"风险"看成波动率本身，而应看作是不能达到已定的目标回报率的风险，无论这个风险是怎样的。有趣的是，尽管我在撰写之前的著作③时没有拜读过罗伊的文章，我也提出过类似的思想。

谈及罗伯特·杰弗瑞④，他同样意识到个人对待风险的观点不仅仅取决于某些事情发生的概率，还取决于产生的结果。然而，从下面的段落中似乎可以看出，他考虑更多的是替代结果：

---

① 商业资源数据库。

② 安德鲁·罗伊：《安全第一与资产持有》，载《计量经济学杂志》，1952，20（3）。

③ 盖伊·弗雷泽·桑普森：《多元资产级别投资决策》，John Wiley & Sons出版社，奇切斯特2006。

④ 罗伯特·杰弗瑞：《内生投资组合增长：更好的测量》，投资组合管理期刊，1977，夏季刊。

因此，如果预期回报率上升的话，人们可能会准备降低灾难的水平。例如，如果一个人认为在预期回报率为5%时，投机损失为10%会是一个灾难，那么尽管损失会超过25%，如果预期收益达到15%，他仍会非常兴奋。

这就是他所说的"安全第一"，也就是说寻求效用最大化的投资决策理论是不健全的，概率分析应该专注于在给定的回报率水平上寻求最优解。

值得注意的是，特别是近几年，一些从业者的想法越发相似，特别是在对冲基金领域，[1] 例如，他们都不仅使用 Sortino 比率（只关注于下行风险），还使用 Calmar 比率（设定回报下行的最高幅度）以及 Omega 比率（与上行的最高幅度相对应的下行的最高幅度），特别是针对罗伊始终保持沉默的那种方法。

一些作者研究得更加深刻。2010 年，Roszkowski 和 Davey[2] 认为风险承受以及对风险本身的认知都被误解了。采用传统的也是过分简单化的奈特思想——"不确定性"与"模糊性"等价，他们认为：

在投资领域中，不确定性的程度可以非常模糊，也很难用数学符号对其进行精确的表示。换句话说，在现实生活（的投资）中，我们接触更多的是不确定性而非风险，人们更多的是厌恶模糊性而非风险。

尽管篇幅的限制无法对这个有趣的文章进行全面的探讨，但值得我们注意的是没有引起对马柯维茨体系的广泛否认的其中一个原因，可能仅仅是它引发了一种舒适的心理状态。再一次确定，能够计算的事物是一些可以感知、预测并计划的。结果的完全不确定性并不会成为重拾信心的来源，而会成为潜在恐惧的出处。

更有趣的仍然是作者试图定义风险，这既是主观的也是心理上的（我们将会回到这一点）。在投资风险的前提下进行决策他们认为是：

---

① 见中国社会科学院高级工商管理硕士 Xaio－Xaio Yin 的 BMP，作者于 2012 年夏指导。
② M. Roszkowski 和 G. Davey（2010）：《风险感知和风险承受》，金融服务专业期刊，六月。

关于以下三个因素的函数：（1）可感知的其他备选的概率；（2）可感知的结果；（3）个人承担风险的心理偏好。

这篇文章发表于许多人认为是投资从业者的专业期刊上，它很重要，因为从 1952 年开始，金融界的学术圈开始大规模地避免讨论风险的性质，学术圈简单地认为风险和回报的波动率是一回事，并致力于运用该理论于越来越高端的统计技法上，从而计算出越来越复杂的问题和数据集的正确解答。偶尔会出现不同的声音，但是这些不同的观点无法真正地质疑该方法的有效性，而是质疑是否存在一些它可能需要补充或者可以进行不同运用的情况。

通常，那些怀疑自身信念的人会对一个事实感到困惑——"传统的"（此处忽略了该传统仅仅在 1952 年后才存在）风险测量并没有将风险考虑进去。Smidt[1] 在对投资者在不同投资期间所做出的相同投资进行评估时，提出了对相关模型的质疑。Trainer 等人[2]同样指出不同持有期限的影响。杰弗瑞[3]建议许多长期的机构投资者可能被看作是持有无限期的资产。Levy[4] 甚至探讨得更加深远，他指出"真正需要的是对风险进行合适的定义"。

这些资料都曾被杰弗瑞在 1984 年的一篇文章中引用，[5] 该文章超越了对时间的探讨，涉及了对风险其他方面的研究。然而，他甚至没有对该"神圣的"模型提出任何质疑，仅仅对其使用的方法提出了疑问。他说，该模型集中于损失发生的概率而非损失发生的结果，这一观点而后被 Taleb 复述：

---

[1] S. Smidt（1978）：《投资期间与绩效评估》，投资组合管理期刊，冬季刊。

[2] F. H. Trainer，J. B. Yawitz 和 W. J. Marshall（1979）：《持有期限是风险阈值的关键》，投资组合管理期刊，夏季刊。

[3] 罗伯特·杰弗瑞（1977）：《内生投资组合增长：更好的测量》，投资组合管理期刊，夏季刊。

[4] R. A. Levy（1978）：《52 年的股票、债券、票据和通货膨胀》，投资组合管理期刊，夏季刊。

[5] 罗伯特·杰弗瑞（1984）：《投资组合风险的新典范》，投资组合管理期刊，11（1）。

　　波动率本身……只是一个简单的统计概率，它无法告诉我们任何有关风险的信息，除非与结果相匹配。它的测量方法是没用的，除非我们将概率描述为"什么事情的概率"，如果"什么事情"对某个特定的个人或群体而言毫无意义，那么"什么事情"发生的概率同样毫无意义，反之亦然。[①]

　　杰弗瑞指出一个投资组合是资产的组合，该资产是类似于债券等"近似现金"的资产，但绝非现实的现金，这些纸质资产能够在未来投资者需要进行支付时转化为现金。这些延伸到未来的支付可以看作是投资者的负债，因此，投资者的实际"风险"是指在未来的某个特定阶段投资组合所带来的现金流入小于所要求的现金支付。

　　这是我在以前的书中所提倡的方法，[②] 它建议基于未来的负债以及已知的投资组合的初值来计算目标回报率，并将风险看作是未达到该回报率的失败，因此准确地说，杰弗瑞所设想的结果可能会发生，也就是说一个投资者，如养老基金，可能会发现自己无法支付未来的保费。

　　正如这本书还指出的那样，杰弗瑞意识到类似这种方法必须不同对待每一位投资者，因为每一位投资者都拥有不同的负债组合。我将其看作是风险具有主观性而非客观性，它所关注的并不是该投资本身，而是投资与投资者的关系。

　　然而，杰弗瑞并没有对传统的模型进行全面的抨击，尽管他委婉地暗示传统模型并没有详述本末。他说，投资组合管理可以更好地运作，只要：

　　"理性模型"或是"共有观念"（认为投资组合风险是严格的回报波动率的函数）的思考方式发生转变。

　　他认为，在给定负债组合的情况下，每一位投资者都要决定其对波

---

　　① 罗伯特·杰弗瑞（1984）：《投资组合风险的新典范》，投资组合管理期刊，11（1）。
　　② 盖伊·弗雷泽·桑普森：《多元资产级别投资决策》，John Wiley & Sons 出版社，奇刃斯特，2006。

动率的暴露程度。他引用 Ellis[①] 的话：

投资管理的首要目标就是控制风险，而非使回报最大化。

杰弗瑞却有不同意见：

在无法了解该投资者的未来现金要求的情况下，这个风险是无法掌控的。

他认为，Ellis 的方法只能导致完全不同的投资者持有相似的投资组合，该投资组合是基于对债券和股票的任意分配。

"这个风险"是具有启迪作用的，因为杰弗瑞认为有两种类型的风险：投资组合风险（通过对历史回报率的变动进行传统测量而计算得出）和持有者风险。从将风险的字典定义作为损失或是损害的概率开始（这个显而易见的起始点被马柯维茨以及其跟随者所忽视），他证明了这个风险只能使投资组合的持有者遭受损失，而非投资组合本身。

持有者风险至少从两个方面来讲是完全不同的。第一，它并不是相关投资组合的波动率，而是投资组合在未来所产生的现金收益与未来负债流出的关系（如果前者超过后者，风险为负）。第二，持有者风险包括对投资组合之外的考虑。例如，如果一家企业是盈利的且资金充裕，而另一家企业却不是，那么相同资金头寸的两份企业年金计划就不会拥有相同程度的持有者风险。他认为，投资组合风险"只有在转换至持有者风险时才会有意义"。

然而，针对这一点，逻辑实证主义开始抬头，将他拖到了测量的危险之中。他无法对持有者风险进行深入的探究，他难过地承认他无法量化持有者风险。持有者风险涵盖了许多因素，包括行为因素，而这些都是不能进行数学运算的，至少不能得出"神圣的"正确解答。由于持有者风险不能进行测算（如维特根斯坦所说），它就不能成为学术研究的正确对象。《逻辑哲学论》[②] 产生了另一个受害者。

---

① C. D. Ellis：《投资经理的指南》，道琼斯—欧文，芝加哥，1980。
② 路德维希·维特根斯坦：《逻辑哲学论》，劳特利奇出版社，伦敦，2001。

所以，杰弗瑞接受传统模型，准确地说是因为他允许对某些事情进行精确的计算：

因为风险与回报之间的直接联系是不言自明的，所以并不惊奇地看到理论家们将资产回报看作是投资组合风险的通用替代，他们始终在寻找风险的可测量替代品以便解释投资组合回报的不同。回报波动率是现成的可获得的统计数据，事实上，它可以很好地作为投资组合风险的测量。

不幸的是，杰弗瑞对概念分析和抽象论述的能力没有太多的信心，他很明确地指出了风险的传统观点中的一些缺陷（但绝非全部）。他无任何意见地接受了，比如马柯维茨重要的假设——我们能够使用过去的数据来预测未来，也就是说未来很可能会与过去相似，以及投资结果符合正态分布。

他的一个重要的观察已经有所论述。波动率本身与风险衡量无关，因为它无法告知我们任何有关"什么"遭受风险的信息。重要的并不是结果的可能性分布于一定范围中，而是对独立的投资者而言这样的结果能产生怎样的后果。

另一个观察也同样进行了阐述，但也被投资者忽视。要想使波动率成为一个相关的测量，那么就需要假定你可能需要立刻将全部的投资组合转化为现金，但是在一定程度上讲，大部分投资者是长期投资者，所以至少投资组合的其中一部分从不会被强行出售。

1992 年，Holton[①] 指出了传统风险模型中的另一个缺陷——它忽视了时间的一些影响，或者换个方式来讲它依赖于随机性，即著名的"随机漫步"理论。但是，Holton 发现"三五年的时间，市场会失去其大部分的随机性"。从更技术的层面，他发现在连续周期数据的早期研究中存在的微妙的相关性随着时间的流逝变得更加持久并增强。

观察不同货币的数据，他发现一些数据系列在短期具有高波动性，

---

① Glyn Holton（1992）：《时间，二次元风险》，金融分析期刊，11 月/12 月刊。

但是在长期却表现出低波动性，而其他的一些数据系列却截然相反。因此，波动性不能单独考虑，而要与可能的持有区间相联系。这反映出了作者为了后期著作①目的而进行的一些研究，该研究发现黄金作为一项投资资产在短期具有高波动性，但是如果用实际量来进行衡量，在非常长的时间内黄金又是低波动的。事实上，在黄金的例子中，可能持有期间的长度应该成为决定是否将其纳入投资组合的主要因素。

Holton 认为他的研究：

对风险分析具有深远的影响，并通过风险分析，对整个资产配置过程具有深远影响。考虑有效边界……预期回报作为一个坐标轴，波动率为另一个坐标轴，所得到的凹曲线代表最优的投资组合。这完全符合科学，但是如果波动率是错误的，那又会怎么样？

要注意的是，在 1992 年，Holton 并没有对已有的风险观念提出任何挑战。相反，他十分关注波动率作为风险的衡量是否被充分理解，尽管在他说"对于投资专家来说，风险和波动率很大程度上是相同的"时，他实际对自己进行了稍微的警告。

彼得·伯恩斯坦 1996 年的著作《与天为敌：风险探索传奇》② 做出了令人十分吃惊的表述，"奈特和凯恩斯……将风险定义为今天我们所理解的这样"。③ 显而易见，更加深入地探究这个问题，从而发现是什么导致了对奈特和凯恩斯的思想以及金融作者发表的言论的误解，这可能是毫无意义的。

从伯恩斯坦 1999 年所撰写的文章④中，可能会发现一些对前者的线索。对此，他似乎将风险等同于不确定性，并声称风险和时间是相互

---

① 盖伊·弗雷泽·桑普森：《另类投资：后危机时代的投资》，John Wiley & Sons 出版社，奇切斯特，2011。

② 彼得 L. 伯恩斯坦：《与天为敌：风险探索传奇》，John Wiley & Sons 出版社，纽约，1996。

③ 彼得 L. 伯恩斯坦：《与天为敌：风险探索传奇》，John Wiley & Sons 出版社，纽约，1996，217 页。

④ 彼得 L. 伯恩斯坦（1999）：《风险、时间和可逆转性》，国际保险经济学研究会，日内瓦关于风险和保险文件，4（2）。

联系：

> 风险和时间具有如此紧密的相关性，以至于他们几乎是同一件
> 事。如果生活总是现在，那么就不存在风险。我们越长远地看待未
> 来，我们知道的就越少……正如约翰·梅纳德·凯恩斯指出的那
> 样，我们一无所知。时间序列越久，决定的风险就越高。

难以避免的结论是，伯恩斯坦直接将"风险"与结果的不确定性
等同看待。他确实引用了（两次）奈特关于投资结果的前瞻性特点是
不确定性问题的根源的观点，他似乎将事情更推进了一步，暗示了股票
的风险在于投资者遭受损失的概率。反过来，这个观点是基于杰弗瑞
1984 年的著作①中的一些观点，这篇文章在他的书中有明确的引述，但
却没有在他的论文中引述。

在文章中，伯恩斯坦将管理风险的关键看作是能够控制关注的公司
（尽管很难看到这如何减轻如金融市场或是工业市场的风险），或者是
能够利用资产的流动性将其出售给其他人来"逆转"投资决定。由于
忽略了一个事实——截至 1999 年，成千上万的私募股权投资者就是这
样做的，他严肃地声称作为以少数投资者对不具有流动性的企业投资是
"不可容忍的"。

奇怪的是，伯恩斯坦引用了奈特暗示风险和不确定性是一回事的观
点，但奈特曾明确地表示它们并不一样。即便他认为这仅仅源于语言的
差异——奈特专门使用了"风险"这个词，那么他也应该为了避免困
惑将这一点明确提出来。毕竟，"风险"这个词的意义和其他事物一样
是辩论的核心。

更奇怪的是，他似乎应该提议（如果之前的陈述是正确的）在现
代投资组合理论盛行的世界上，这种观点与现今如何看待风险是一致

---

① Frank Ramsey：《真理与概率》，数学以及其他逻辑论文的基础，乔万诺维奇出版社，纽约，1931。

的。奈特和凯恩斯都特别强调投资结果的不确定性是不能进行数学运算
的，而现代投资组合理论明确地表示可以进行数学运算，马柯维茨
1952 年的论文中就包含了高水平的数学运算。

伯恩斯坦在他的书中写道，马柯维茨 1952 年的论文特别关注一项
投资组合中的多样性，以及他并不使用"风险"这个词，而是仅仅将
回报的差异看作是不受欢迎的事。但是，他甚至在同一段落承认：①

风险和差异是如出一辙的……马柯维茨将投资风险进行了排序。

可能最引人注目的点在于这个人。马柯维茨在 1952 年才 25 岁，如
果他并不认为任何投资的重大风险可以通过历史周期性回报率的波动进
行测量，在此之后他还有许多年的时间进行修正，但他却从来没有。到
头来，正如伯恩斯坦自己承认的，"风险和差异是一回事"。现实是，
如今，每个投资者、金融学生和股票分析师都相信一项投资的所有重大
风险可以通过过去回报率的标准差进行衡量。这根本就不是奈特和凯恩
斯所讲述的那样，相反，他们明确地反对这种做法。因此，完全不要认
同伯恩斯坦的观点，我们必须将其看作是具有迷惑性的错误。

重要的是，伯恩斯坦的许多著作都是对数学、统计学和概率的赞
美，他刻意回避对冯·米塞斯的提及，这意味着他从来不需要对冯·米
塞斯关于将概率理论应用于金融结果中的无效性进行解答。然而，冯·
米塞斯仍是 Holton 在 2004 年发表的里程碑式的文章中所引用的众多作
者中的一位。

在 2004 年发表的文章中，Holton 论述道，每个人似乎都乐于测量
风险，但并不乐于对其进行定义。他建议从两种不同的方法对风险进行
定义：主观概率和操作主义。

从某种意义上说，主观概率是杰弗瑞在 1984 年的文章中提出的。
任何对风险的考量都必须包含对结果的意见，这不仅仅是概率，更是
"什么"的概率。"什么"非常重要，它不太可能以完全相同的方式影

---

① 哈利·马柯维茨（1952）：《资产组合选择》，载《金融杂志》，7（1），252 页。

响两位不同的投资者。主观概率更进一步，即便概率和暴露（可能的结果）实际上是一样的，也不太可能任意两位投资者会相同地对待。

一部分原因在于杰弗瑞所提到的"情感需求"的不同，这包括短期的收益或损失对投资者的影响程度，以及投资者违背出售投资从而止损的本能而选择持有长期投资的愿意程度。记住，他注意到这些因素都不能被量化，这就是他为何不对其提出的"持有者风险"进行进一步探讨的原因。

一部分原因在于 Holton 所谓的风险的主观方法，它关注概率——即便，在奈特的案例中，存在一些不能够计算的情况——但却没有关注结果。主观的方法是观察独立的投资者在其特定的环境下如何看待影响他们的可能结果。他认为奈特依照固有的对错看待所有的提议，一个人能够决定对错的程度取决于其知识的储备和相关事实的无知。

事实上，当 Holton 继续引用奈特著名的关于可测量的（"风险"）以及不可测量的（"不确定性"）区分时，他并没有对这个争论进行完美阐述。尽管奈特将风险看作是二项的（将会发生或是不会发生）并忽略了结果，Holton 仍有可能陷入语言的困境。可以确定的是，奈特的基本案例是金融界大多数的"风险"实际上仅仅是"不确定性"，他们所陷入的基本错误是相信所有的事物都能测量而事实上却不是。并不清楚为何他认为有必要抨击奈特的理论，而不是仅仅提出他自己的观点，这需要从不同的角度来看待。

同样，他抨击了凯恩斯，不过他仅仅是利用了 Ramsey[①]（他称赞 Ramsey 为主观概率的创始人）来抨击凯恩斯关于风险的思想中一些较为晦涩难懂的方面，Holton 认为这些方面在数学分析中是不能成立的。

对于奈特，他认为：

如果我们采用概率的主观诠释，奈特关于风险的定义就会变得空

---

① Frank Ramsey：《真理与概率》，数学以及其他逻辑论文的基础，乔万诺维奇出版社，纽约，1931。

洞。在客观概率缺失的情况下，（无论如何定义）在他的定义下不会存在任何风险。

这不仅是一种智力上的花招（如果我们采用概率的主观诠释，那么很自然就不存在客观概率），可以论证的是这根本没有必要。奈特和凯恩斯都没有承认其给出了风险通用的定义，他们的中心思想在于无论如何定义，它都不能够被测量。事实上，奈特关于"风险"的观点非常狭隘，它只基于简单的两种情况，甚至奈特还认真地指出这种定义的缺点和限制。

于是，Holton 引用了 Finetti 1970 年所发表的论文[1]中的一段话，该论文将主观方法看作是一些人所谓的反证法。

我的论点貌似有些荒谬，也有些挑衅，但是尽管如此它是非常正确的，它就是：概率并不存在，对类似于燃素、以太、绝对时空……或是仙女和巫婆这些迷信的抛弃是科学思潮的道路上重要的一步。概率同样也是，如果它被认为是赋予于一些客观存在的事物之上，那么概率就是误导人的误解，是对我们真实的概率信念进行形象化或是具体化的空洞的尝试。

认为风险是不可测量的是一回事，认为概率作为一种思想方法是空洞的且无效的，这又是另外一回事。对于 Holton 而言，是否有必要对其进行深入的探究，从而揭穿传统风险模型？尤其是当他在 1992 年的文章中使用方差作为数学测量时并没有认为有丝毫的问题？

令人惊奇的是，他继续断言马柯维茨"撰写得犹如一个主观主义者"，他如此认为的根据在于马柯维茨在芝加哥大学学习，曾受教于伦纳德·萨维奇——"概率的主观诠释的主要倡导者"。另外，马柯维茨在脚注中提到概率可能存在"部分主观性"，尽管这种观点是具有误导性的：马柯维茨在这里描述的是概率信念（一个很重要的差异），他很

---

[1] Bruno de Finetti 发表于 1970 年的意大利著作，翻译为《概率理论》，John Wiley & Sons，伦敦，1974。

明确地表示这些在任何程度上都不会影响概率结果，因为"不管怎样，我们能够预期［任意投资者的］概率信念大致上都会与已经全面考量过的重要事件保持一致"。

即便马柯维茨认识萨维奇，并且用其后期著作①的一章讲述主观概率，这也不能准确地将马柯维茨看作是主观主义者，并且没有证据表明他不相信数学概率理论，也没有证据显示他不相信投资风险能够通过历史波动率进行衡量。相反，如果这两个阐述中的其中一个是正确的，那么马柯维茨于 1952 年发表的文章就是无稽之谈，更别说这两个阐述都正确了。此外，正如之前阐述的，他有许多年的时间来抗议他的著作遭到了误解，但是他完全没有提出任何的抗议。如伯恩斯坦后来指出的那样，"风险与波动率如出一辙，马柯维茨对其进行了排序"。

如果 Holton 在主观概率上的思想不能令人信服，那么对于操作主义他却站在坚实的立场上，至少如果你相信操作主义的话（我们将会看到它是一个主要的告诫）。

Holton 原先引用了 Rapoport（1953 年的文章）② 中的一段话：

错觉……所谈论的任何事情都是真实的……事实上，没有比"定义"这些概念从而使其表现出他们确实言之有物更简单的事情了。

不幸的是，Rapoport 举的例子并没有起到多大的作用，Holton 继续引用了操作主义的创始人 Bridgman（1927 年的文章）③，但事实上并没有解释他到底说了什么，我们只能自己猜想他究竟在讨论什么。

事实上，Bridgman 证明了我们只能根据操作某件事情的事物来正确理解这件事物。斯坦福哲学百科全书（"SEP"）④ 给出了长度概念的例子。依照 Bridgman 的观点，我们唯有找到可以测量长度的方法才能真

---

① 哈利·马柯维茨：《投资组合选择：投资的有效多样性》，John Wiley & Sons，纽约，1959。

② Anatol Rapoport：《经营哲学》，哈伯出版社，纽约，1953。

③ Percy Bridgman：《现代物理的逻辑》，麦克米伦出版社，纽约，1927。

④ 网址：http://plato. stanford. edu/entries/operationalism/。

正了解长度的意义，测量的行为决定了长度的概念。因此，对于任何给定的词语，如果你不能找到有效的操作者，那么你就不能够对词语的真正意义进行定义，更别说描述了。

这个观点应该会受到一个明显的限制，并存在至少三个异议。Bridgman 对该限制特别写道，这种科学方法的使用仅限于物理，他从不认为这种方法可以延伸到知识的一般理论中去。他之后写道：

> 我仅仅与所谓的"操作主义"有一些历史联系。简言之，我感觉我创造了一个"科学怪人"，它已然逃离了我。我憎恶"操作主义"或是"运作主义"这个词，因为它似乎暗示着一种教条，至少是类似教条的一点。我所设想的事情太过简单了，可承担不起如此狂妄的名字。[1]

可以预料，第一个异议来自坚持"无论点"是不会走得长远的逻辑实证主义。例如，能够测量某些事情仅仅是故事的一部分，你必须能够更进一步来"阐述"它，就如维特根斯坦可能会做的那样。也许，对如此强大的自我意识与如此热忱的跟随者持谨慎的态度，Bridgman 会从直接的思想对抗中退却，如前所言，争论说他的观点要么脱离了环境要么超出了他所设定的限制范围。

第二个异议是知识以及含义来自不同于操作主义的环境。这个争论的中心围绕着另一个主要的学者阿尔伯特·爱因斯坦，他的相对论不能通过使用操作主义理论来得到。经验观测值一方面与实验观测值，另一方面与概念分析的矛盾可能看作是方法论之争的等价物，除了 Bridgman 自己否认了其他人尝试运用他的思想所使用的严格方法：

操作主义观点将会对理论物理学家的自由设定非常少的限制，以便

---

① 引用 Philip Frank 的《科学理论的有效性》，灯塔出版社，波士顿，1956，在 SEP 中也有记录。

探究任何自由的心理建设所带来的结果，这不需要有任何的疑虑。①

第三个异议在 SEP 中指出，究竟什么事情可以精确地看作是"操作者"并没有达成一致意见。例如，如果一个人坚持使用物理测量，那么事实上几乎没有事情能够正确地下定义。

因此，有一些惊奇的是 Holton 应该在 2004 年试图引用 SEP 所说的"现在被广泛地认为是处于极端且过时的环境中"。尽管 Bridgman 通过强调"从全面理解和领悟的意义上说，我们能够知道的事物是非常有限的"对认识论作出了有价值的贡献，但是似乎仍有一致的观点认为他试图走得太远、太急，当他的思想吸引了哲学大家的注意时，他的思想已经快速地开始散播开了。

郑重声明，Holton 继续解释，当我们使用"风险"这个词时，我们应该尝试去理解或是传达的许多原理都不能运用操作主义的方法。例如，是什么"操作"了任意可能的结果影响独立投资者的重要程度？当然，没有什么是普遍的或是可以测量的。再一次提到，这是一个认知问题。我们也许能够为在任何情况下我们所感知到的风险下定义，但是我们无法真正对风险进行定义，因为这是另外一回事，它真正的本质隐藏在我们认知之外。

因此，正如杰弗瑞不再对风险进行定义，因为他意识到他正迈向广大的概念领域一样，Holton 也同样如此，得出并没有真正的风险的结论。顺便说一下，这无疑是思想上的猜想：仅仅因为你无法得知真正的风险是什么并不能说明它不存在。Holton 总结道：

什么是风险？我们如何能够量化无法感知的风险？如果一个交易员或是企业经理拥有不能反映在风险度量中的信息，风险度量是否会歪曲风险？在真正风险缺失的情况下，这些问题都是空洞的。

Holton 所采用的、Bridgman 关于人类获得真知的能力是有限的思想可以有效地应用到金融界中。学者并没有利用能够进行计算的简单的统

①　Philip Frank：《科学理论的有效性》，灯塔出版社，波士顿，1956。

计工具，而且没有将其作为"风险"，他们反而迫使承认他们并不知道风险真正为何物，而且不可能知道。在这种情况下，有效的讨论可以举行，这至少可以对风险的一些方面进行探讨。

杰弗瑞的贡献同样不能忽视，他的思想——风险从本质上讲是主观的、独立的——被简单地忽视了。Holton 意识到了这个，他呼吁风险度量应该在一定环境下操作，正如我在之前的著作中阐述的，要考虑他们自身所处的特定环境、目标回报、投资期限以及杰弗瑞的"情感需求"。

Holton 最重要的贡献在他文章的最后，他指出：

我们从来不能有效地定义风险，充其量我们只能有效地定义我们所认知的风险。

一个更易于管理的任务是有效地定义可感知的风险的一些方面。风险度量，如回报的方差，可以用来完成这个任务。询问风险度量是否能度量风险是毫无意义的，反而，询问它是否有用更加有意义。

第10章

瓦　解

我们已然探讨了马柯维茨关于风险的观点对于金融假设而言是怎样的一种束缚，接下来让我们更加深入地了解它的局限。我们先来探究它所基于的各种假设的不真实性，之后在另外一个独立的章节中，我们会讨论作为一个概念它存在的致命弱点。换句话说，我们先从数学程序的角度来研究它应该是怎样的，之后再研究其哲学构造。

要记住，前者在第二次世界大战之前从没有使用，在这段期间内它的有效性是予以否认的，但是在这之后，它却被毫无置疑地广泛使用。相反，后者成为了第二次世界大战前所有讨论的基石，但之后却被弃之不用了。

所谓的现代投资组合理论认为至少从计算和所得结果中可以看出，任何投资资产的重大风险都是一样的，即与标准差衡量的过去回报的差异（这就是我们通俗所讲的"波动率"）。之所以称为"所谓"，是因为该现代投资组合理论可以追溯到 1952 年，其实很难称为"现代"；也是因为事实上它仅仅涵盖了一种资产组合（普通股），而非囊括了大部分现代投资组合中的不同资产类型；还是因为我们会在之后看到，至少从科学的角度来说，其实这个"理论"根本不能称作理论。我们之后会继续这些话题。

"风险和计算所得额的波动率其实是一回事"的这种观点依赖于许多隐含的假设，这包括：

- 风险可以进行数学计量；
- 回报的差异是风险有效的替代；
- 周期性回报是绩效的有效衡量；
- 投资回报随时间呈正态分布；
- 过去对未来具有指导作用；
- 现金的时间价值可以被忽略。

另外，现代投资组合理论自身也提出了一些假设，这些假设我们必须接受，以便通过该理论机制进行运算时能够获得有效结果。这些主要假设包括：

- 所有投资者都是理性的；
- 所有投资者同时能获得同样的信息；
- 所有市场都是完全竞争的。

我们要很清楚，如果你认为现代投资组合理论是有效的，那么你就必须接受所有的假设，无论它们是隐含的还是明确表达的。你会发现只要是这些假设中的一个是错误的，那么现代投资组合理论——金融界的基石——就会轰然倒塌，整个金融界就会摇摇欲坠。事实上，本书公之于众的目的就是告诉读者所有的这些假设都是荒谬的。

风险可以进行数学计量

在关于风险的传统观点中，这是其中最重要的假设。毕竟，并没有证据表明任何事物都可以通过数学计算来衡量，无论这件事是什么，除非你相信这件事可以进行计算。令人吃惊的是，马柯维茨之前的学者们从未对此质疑过、检测过甚至探讨过。

正如我们在之前的章节中看到的那样，在马柯维茨发表其原创性论文之前，所有卓越的成就都是那些传统的观点，即它并不能进行计算。人们信仰的突变可以在表面上悄然无声，却毫无夸张地令人很吃惊，但它确实发生了。这就好像在 1952 年，整个意大利的居民一夜之间由天主教徒变为犹太教徒一样。

这里需要强调，这一个假设仅仅是对其他假设的重申，但也不尽然。举个例子说，如果投资回报并不随时间呈正态分布，那么回报的差异就不是对风险有效的测量，这并不排除存在其他数学计量的可能性，统计学总是存在其他类型的分布可以满足需求。对于这个假设的质疑引发了一个更重要的反对，风险也许根本就不能进行精密的数学计算。

正如战前那些学者们认为的那样，风险不可能是一种我们能够进行数学计算的事物，就如人们到底有多高兴，人们到底有多爱其他人，或是天空会变得多么阴暗？在金融界，这种言论当然会成为异端。金融是数学的一个分支，数学就是计算的过程，风险是金融理论的基石，因此，风险一定是可以计算的，即便实际上它不是。

回报的差异是风险有效的替代

这里所陈述的假设是金融界的核心前提，投资者应该考虑的是任何投资的风险都是其历史回报率的波动率。

我们先来回顾一下波动率测量的是什么。波动率是指均值左右的一定范围，任何新持续周期的平均回报都有可能会处于这个范围之内。事实上，考虑到其他的假设，我们应该重申一下：这个范围包含了通过计算所得的过去任何持续周期的平均回报。

这个方法其实存在许多问题。首先，它和英语语言冲突。如果你想要谈论风险，那么你首先就要确定你所要谈论的就是听者所认为的"风险"，就是听者每天都要使用的这个名词，而不是一个完全不同的认知概念。

简单地翻阅字典，你会发现大多数人所理解的"风险"的含义就是一些不好的或是不受欢迎的事情发生的几率。波动率并不是这样的，它衡量的是回报均值的上下波动范围。获得高于均值的回报通常被认为是一件好的且受欢迎的事情，这就根本不属于"风险"。现今，许多从业者都只考虑下行风险，但是这种理解并不普遍。

即便这样仍存在许多问题。金融界认为波动率小预示着投资的风险低。举个例子，一项投资的回报仅仅在其均值的正负 1% 范围内波动，而另一项投资的回报在其均值的正负 8% 范围内波动。但确定的是，传统的观点不仅要考虑波动的范围，还要考虑围绕哪里进行波动。如果前一项投资的均值为0，而后一项投资的均值为9%，那么是否可以确定后者是低风险投资而非前者？事实上，从一个角度来看（风险是资本损失），你甚至可以争辩这根本就没有风险。

周期性回报是绩效的有效衡量

我们之前已然探讨过周期性回报测量的局限了，我们下面进行一下概括。周期性回报迫使我们考虑未实现收益和损失，它与投资者应该如何看待一项投资的情况并不匹配，它也不能有效地应用于所有不同的资产类型，并且没有考虑现金的时间价值，我们将独立来分析这一点。

在之前的章节中，我们已经详细地阐述了这些观点，我们可以得出结论：对于全部资产类型的全部时间周期，周期性回报确实不是对投资绩效好的测量，甚至对于某些资产类型的某些周期而言，也可能不能进行测量。那么为什么金融界还是坚持使用周期性回报呢？

我们已经讨论过这个话题了。金融界认为风险能够也应该进行数学运算，因此随着对风险进行测量，他们需要数学运算的结果。与风险一样，由于对运算结果非常不确定，有一种看似适当的测量，即回报差异（波动）。差异只能通过周期性回报进行计算（也许只是他们这样认为），所以周期性回报才会毫无争议地成为绩效的标准衡量方法。

所以，可以看到，不止马柯维茨选择这个不尽如人意的风险测量，而且计算的方法也会使用并不理想的回报数据。

投资回报随时间呈正态分布

许多作者如 Niall Ferguson[1] 和 Nicholas Taleb[2] 都已经指出我们可以从过去的数据中非常清楚地看到正态分布并不适用于投资回报。在参考了正态分布经典的钟罩形曲线后，如 Ferguson 指出的那样：

但是在金融市场中却不是这样的。如果你按照月份将道琼斯指数所有的变动绘在一张图表上，你就会发现这些数据并没有非常集中在均值附近，而且有许多非常大或是非常小的数据……如果股票市场的变化符合正态分布……10% 甚至更大的年度跌幅将会仅仅每 500 年发生一次，而股票市场 20% 或是更大的增长将会闻所未闻……然而，在过去的一个世纪中就出现了九次崩溃。

Taleb 同样对高斯（正态）分布主导着金融回报的这种观点提出了质疑。他认为提出这个假设的唯一理由就是如果不能运用正态分布的话，那么马柯维茨所选择的风险测量就不能计算出来，或是至少不能通过可获得的数据计算出来，即便这个风险测量是错误的。能够计算某些事情（波动率也许就是"某些事情"）的需要使得我们不仅要选择周期性回报数据，而且还要做出一些实际上并不正确的假设，即可以应用正态分布进行计算。

在他的书里还有另外一个观点，以他自身经验作出了定量分析：

外国科学家整夜坐在电脑前埋头于复杂的数学计算所取得的进展，很少能超过出租车司机用最简单的方法到达目的地所取得的收益。问题就在于我们关注于应用这些方法时的特殊情况，而从未考虑过这些方法中的诸多错误。

---

① Niall Furguson：《金钱崛起》，企鹅出版社，伦敦，2009。
② Nicholas Taleb：《黑天鹅》，企鹅出版社，伦敦，2007。

过去对未来具有指导作用

那些认为未来回报或者至少未来回报的所在范围是可以通过过去的数据进行计算的人们，必然也认为未来的回报很有可能与过去回报的行为轨迹是一致的。这种观点隐含了一种期待，那就是回报很有可能会与过去回报处在同一范围中，并且回报的众多系统性因素很大程度上保持一致。

但是这样的假设到底有多贴近现实？即便我们仅仅观察股票回报，市场指数的构成每十年的差别也是非常大的，这些差别在不同的时间段会受类似于铁路、银行业、IT业、石油和电子通信等部门的影响。不言而喻，不同的驱动力将会影响每一个部门。即便一个人考虑问题很全面，现在的普遍观点认为股票市场并不是受投资基本面的约束，而是更大程度上取决于人们对中央银行发布的货币政策的心理反应。这并不是过去的情况，在不同的时间段内通货膨胀或利率等因素也会发挥相似的作用。

从数学计算的角度而言，混沌理论告诉我们数学运算过程中的一个输入值的相对较小的改变可能会造成最终输出结果巨大的差异。因此，如果回报的范围或是回报的分布类型稍微有所改变，那么计算所得的对未来回报的"预测"也会发生很大的改变。

从宏观角度而言，没有人可以百分之百地确定同一个驱动因素会在未来按照同样的轨迹和程度发生作用。但是，没有这样的肯定，作出未来是对过去的完美重复这样的假设又有多贴近现实？

最终，让我们回忆一下关于正态分布的讨论。如果不能运用正态分布，那么这就表明通过标准均值/标准差分析，过去不是对未来很好的指引。但是，这是已经选定的方法，因此这样的想法毫无意义。所以，即便我们并没有准备接受这个广为人知的观点，即过去并没有提供对未来任何有价值的指引，我们也别无选择，只能作出让步，至少在现在的计算角度来讲，过去的回报不是未来绩效的有效指引。

现金的时间价值可以被忽略

正如我们在之前章节中所讲的，现金的时间价值是金融领域中最重要也是最基础的概念之一。如果可以选择的话，我们都会选择今天收到现金而非一年之后，同样我们也会尽可能推迟偿付负债的期限而非今天偿付。

即使未来现金流与今天的现金流拥有同样的名义价值，未来现金流的现值会低于其名义价值，因为当我们获得未来现金流时，它的购买力就会因通货膨胀而有所下降。事实上，正如我们看到的那样，也存在其他的原因，如资本成本以及机会成本等。无论情况如何，我们都会认为代表近期收益和远期损失的现金流的价值会更高，而不是具有相同金额但却代表远期收益和近期损失的现金流。

债券是投资资产中最基础的一项，价格是以净现值进行衡量，收益是类似 IRR 的到期收益。在债券领域，现金的时间价值的概念得以最清晰地表述出来，而且被广泛地接受。

尽管事实上债券以及其前身已经存在上百年了，而且在 1952 年它们成为了许多主要机构投资者投资组合中的绝大部分甚至是全部，但是马柯维茨仍选择忽视了很重要的现金的时间价值。也许，这可以解释他为什么在推进风险本质的探讨中屡遭失败，为什么选择歪曲逻辑理论偏向一个人为计算的指标而非认真思考究竟他在做什么。

正如我们将在第 11 章介绍的那样，现金的时间价值以及确切的现金流与投资者应该如何看待一项投资相匹配，而不论现金流在多远的未来发生，衡量年现金流的方法却并不与其匹配。由于未意识到这些，马柯维茨创造了一种关于风险的观点，这种观点从数学构造角度来看似乎非常成功，但它却与现实情况几乎没有任何联系。与风险和回报一样，时间是金融界的支柱，它们一旦独立就毫无价值可言。

所有投资者都是理性的

这其实是一个很大的话题，对于金融界，我们先从相对小的方面入手进行探讨。迄今为止，你可能会发现金融界很擅长将字以及短语用在我们这群每天无聊的人们所理解的不同方面。它多大程度上可以说是数学家尝试用语言的方式进行表达所得到的悲惨结局是不清楚的，它究竟多大程度上故意阻碍了交流和理解也是不清楚的。

基本上金融界所说的理性投资者是指那些始终相信现代投资组合理论所提倡的方法的人们，这就同政治家所说的只有神志正常的人才能在下一轮竞选中进行投票如出一辙，鉴别他们神志正常的唯一方法就是把票投给那个政治家。

特别地，这个假设通常也如下表达：理性投资者是那些始终通过所谓的资本资产定价模型（CAPM）的结果来使自身已调整风险回报最大化。CAPM 模型计算的是相对整个股票市场而言个人所持股票的回报和波动率。没有必要理解这个模型是如何运作的，只需要知道这个模型遵从我们所讨论的所有假设，所以显而易见存在缺陷。

再一次强调，这里所探讨的存在非常严重的不合理现象，我们一步一步循序渐进地进行阐述。为了作为风险测量的波动率得以计算，我们必须假设可以运用正态分布，并且未来回报的波动范围与过去回报的波动范围应该很接近。

为了使这两个假设成立，我们还必须假设不存在一些意料之外的外部事件，因为外部事件可能会突然影响回报，并使回报脱离"正常"的范围。

为了作出这样的假设，我们还要假定市场仅会受不被外部因素影响的个人投资者所驱动，要使这个假定真实存在最简单的方法就是假定所有的投资者在任何波动率水平下都会使用 CAPM 模型并遵从其结果，从而寻求其回报最大化。

事实上，只要我们稍微进行审查，这个论证的每一个环节都会出现问题。就如我们看到的，既不能运用正态分布，过去的数据又不能对未来提供值得信赖的指引，意料之外的外部事件（外在性）会发生并对金融市场造成影响。即便是金融界所提出的狭义范围，投资者也不是"理性的"，投资者会受到许多因素的影响而不仅仅是所假定的个人资产的已调整风险回报。通常情况下，投资者并不以波动率水平为指标，至少不单独考虑，甚至对一些投资者来说波动率很大程度上是无关紧要的。

当我们考虑"理性"的广义也就是通常所讲的意义时，这就好像我们转动钥匙，打开了一扇通向充满阳光和真知的世界之门，我们可以看到金融界阐述金融含义的能力是多么的有限。

当然，投资者也是人类，在任何情况下人类都不可能真正的理性。我们是动物，就像所有动物一样，我们在很大程度上会受到强烈的、原始的情感的操控。对于投资，我们会受到自我意识、竞争以及联盟等因素的影响而会产生害怕和贪婪的情绪，任何做过投资决定或是观察过其他人讨论并进行投资的人们都会意识到这个问题。投资者不会接受金融模型的结果并将这些结果作为投资决定的考虑因素，投资者通常会全部忽略它们，甚至为了能够达到他们想要的结果而利用人为数据改变结果。

正如凯恩斯所说，驱动股票市场经常是动物本能。如果事实并非如此，那么为什么在没有发生意料之外的宏观突发状况时，还会发生股票市场崩溃？正如冯·米塞斯所说，投资决定由"人类行为"构成，简单地通过许多人在过去某个特定时间的所作所为而收集的金融数据对其他人在不同的未来时间的所作所为进行预测是没有用的。

希望随着我们对金融更深入的了解，我们会对这个话题进行更多的探讨，因为它可能是对金融界关于金融是数学分支，将数学公式和模型作为其预测工具这个传统观点的所有抨击中最重要的一个。如果金融不是一个伟大的数学家所能操控的而是人类行为的总和，那么我们又怎能期望数学家为我们提供任何正确的理解，而不是像心理学这样的学科呢？

现在，无论是以金融界狭义的"理性"定义来衡量，还是从更广泛的常识来推断，我们可以有足够的理由相信投资者是理性人的这个假定是不真实的。

所有投资者同时能获得同样的信息

坦白地说，金融界其实比它过去表现得要更加真实。曾经有一段时间，如果一些机构投资者从企业的 CEO 手中拿到简报，那么他们相对于其他人就更有投资优势。但是，不断发展的监管一方面扩大了内部信息的范围，另一方面那样的简报对企业和投资者都相当危险。

其实还是很难接受的。一个仅仅能通过互联网收集相关资料的私人投资者与拥有一个分析团队的专业基金经理并不处于同一起跑线上，这能够也确实会造成很大的差别，因为在投资领域来说知识通常很重要。

事情还没有结束，这取决于你如何定义"信息"。现在的许多投资者并没有关注于投资基本面，也没有去了解类似公之于众的账目以及年报，而是关注于"定量"因素如资产专用性、市场广阔性。许多投资者都缺乏所需的金融模型、构造模型的详细数据以及阐明结果的专业知识。

由于假设中提到"同时",传递和使用的速度必须加以阐述。像企业记者发布会这样的数据总是会通过彭博或路透社传递给专业投资者,这种传递速度要比传递给个别投资者或是小额财富经理更快。即便这并不是所要阐述的,专业交易商会坐在书桌前逐秒地分析新数据,而小规模投资者并不会注意到这些,直到他们在第二天早上看到相应的金融新闻。因此,现实中,确实频繁发生所谓的信息不对称现象。

所有市场都是完全竞争的

让我们首先了解这个假设。市场理论谈论的是关于价格接受者和价格制定者,在一个自由操控的市场中,所有参与者都是价格接受者,以占主导的市场价格进行交易,市场价格会不断上下波动从而寻求市场"出清",市场"出清"就是指所有想要出售的卖方都可以找到想要购买的买方。如果市场中没有足够的买方,那么卖方会降低其出售价格来吸引买方进入市场,反之亦然。

完全竞争市场的定义包括这个假定,那也包含了买卖双方都是自愿进行交易的这个要求,或者换句话说,他们进入市场进行交易是出于自身意愿而非是被迫的。

对于这个假设的第一点假定,它隐含地假定任一投资者或是一群投资者的行为都不会影响市场价格,该行为会通过正常的(非常小)递增效应影响供给和需求。不同种类的投资者,如养老基金、主权债务基金,他们的交易都非常大,使其行为能够对价格产生影响,尤其是这些交易的细节都公之于众,从而其他人都可以对此进行吸收和分析。

对于这个假设的第二点假定,如今许多投资者都是被迫的买方,而非自愿的。不断加强的监管如巴塞尔协议 III 以及偿还能力监管标准 II,

有效地迫使特定类型的投资者如银行、养老基金、保险公司持有特定的资产类型如政府债券，一些投资者甚至被明确点名要求购买其国内政府的债券。因此，债券市场并不是自愿的，这也间接地影响着股票市场。为了购买债券，投资者可能需要出售普通股，或是不能购买其想要购买的。较低的人为债券收益反过来取代了股票收益，一方面因为债券所提供的"无风险回报"的吸引，另一方面因为它毫无置疑地被 CAPM 所采用。

万物都已解体，中心难再维系

这个短语原先是诗人耶茨（Yeats）所写，而后全部或是部分被 E. M. Forster 和 Chinua Achebe 借用，用于描述我们应该如何看待现代投资组合理论以及马柯维茨的风险理论。有趣的是，耶茨在这首诗后面继续写道"好人缺乏信念，而坏人狂热到极点"，这句话同样能够应用于金融界，那些愚笨的金融界居民似乎对其掌握知识的真理性拥有百分之百的把握，而那些徘徊在金融界以外的人们却质疑像风险这样的事情是否可以被正确的理解。后者可以至少从苏格拉底和孔子中得到安慰，他们两个都曾说真知包括承认那些自己不知道的。

我们已经阐述了显而易见的以及隐含的假设，可以看出那些支撑着风险的传统观点的假设都站不住脚。换句话说，中心难再维系。所以，似乎显然能接受这个挑剔的观点崩溃了、放弃了，被一种新的可以进行检验和分析的假设所替代。我们随后会阐述为什么这件事并没有发生。我们已然看到，这些至关重要的问题不仅是关于风险，而且还关系到金融自身的本质。

在第 11 章中，我们将会深入探讨风险的整个理论框架，但是在此之前，我们先来更深地了解一下现代投资组合理论所运用的方法论，我们已经深入地探讨过该理论的基本要素，但还没有介绍过该理论的目的和结构。

金融是掷骰子的游戏吗？

雅各布·伯努利（Jacob Bernoulli）是概率论创始人之一，他曾在1703 年给他的朋友哲学家 Karl Leibniz 写信探讨将预测掷骰子结果的方法应用到其他学科中去。偶然的是，这个基础的概率理论甚至在当时是革命性的，而且在数学圈外鲜为人知。例如，投机商人 John Law 根据所预测的结果（资产泡沫紧随经济崩溃）将纸币带往法国，他能够通过投机不断地赚钱，因为他知道可能性而其他人不知道。

伯努利想要将"骰子理论"应用于其他课题，如预测人类寿命。毫无疑问，如果概率理论是正确的，那么唯一需要做的就是收集足够大的观测数据作为计算的依据。

Leibniz 对此并不感兴趣，他指出必须要考虑新疾病的发生以及收集足够多的数据样本的困难性。另外，寿命只有在死亡发生之后才可以正确衡量，所以只有在回顾过去的时候才能"知道"，即便如此，对于活着的人来讲它也不一定能给出一个好的解答。

伯努利并没有针对这个方向获得更大的进展，虽然之后他提出了我们现在众所周知的"大数定理"，该定理表明收集的样本数据越多，观察值越接近均值。他还建议为了使概率计算所得有意义，有必要假定过去的数据对未来具有指导作用。

法国数学家 de Moivre 对此进行了深入研究，并提出了我们今天所知的"正态分布"理论，该理论给出了分布的标准差，并且给出了在此之前精算师致力于的年金以及寿命的计算，这当然也是马柯维茨在他的风险观点中所运用的理论。

　　然而，以这种方式处理事情其实存在许多问题。伯努利将问题集中于骰子理论，人们不能将这种方法应用于金融数据（希望这种观点能达成一致）。对于骰子，可能的结果是有限的，而且这些结果事先可以知道。碰巧的是，这激发了冯·米塞斯称为赌徒谬论的产生：正因为我们提前知道在轮盘中每一个独立结果所出现的概率，这并不一定意味着我们可以在特定结果出现时进行预测。

　　然而，对于寿命而言，存在一些必然的相似点。数据能够收集，结果的分布可以进行核对，不过在信息化时代之前，是否能收集足够的数据以便获得有意义的结果也是伯努利自己关注的问题。一个相似点是正如骰子滚动一样，死亡年龄在很大程度上是独立的，排除自杀的影响，它并不影响其他人的结果。另一个相似点在于不考虑战争或是谋杀，结果自身是独立于人类的原因和影响的，就如骰子滚动一样，对于骰子，它的滚动是源于人类行为，但是滚动所产生的结果却是另外一回事。

　　马柯维茨出现错误的地方是在其工作最开始的阶段。就像冯·米塞斯所指出的，金融数据不是源于真空。不像骰子滚动，经济和市场并不是独立的行为体，而是冯·米塞斯和 Hayek 所称作的通功易事，这是集体经济中人们之间相互交换的表达形式。金融数据本身与其自身没有相关性，它是记录特定时间中特定人们的行为，它也许是一个数据集，记录了某个周一清晨曼彻斯特有多少人吃了一个苹果，或是在某个周五七点之前纽约有多少人清洁了牙齿。

　　冯·米塞斯清楚地认识到，你不能使用数学模型去预测人们在未来的行为，这一点马柯维茨却忽略了。人类的行为源于决定的制定，决定的制定又受到了情感因素的影响而不是概率理论。情感的改变也会影响其他人情感，并且可能会反过来受到其他人所说的或是外在性的影响。我们都知道"市场情绪"，但是却相信数学分析可以预测未来的市场走向，那么你就必须否认它的存在。

　　为了明白金融市场正在上演什么，你需要了解的不仅仅是正在发生什么，还有它们为什么发生。谁或者是什么事情促使它的发生？数据是市场对外部事件合乎逻辑的反应的显现吗？还是人们的行为过于偏激了？如果是，市场用哪种方式或许可以自我纠正？在什么时候？概率忽视了全部这些问题，它假定金融数据集自身有其显著性，剥夺了它作为人类行为记录的作用，但事实上金融数据不是。马柯维茨将它搞错了，金融不是一场掷骰子的游戏。

第11章

风险与主观

那么究竟为什么马柯维茨 1952 年的论文①开篇并不是讨论人们如何看待一项投资的风险，或者甚至是翻阅字典呢？

唯一一个可以回答这个问题的人就是马柯维茨自己，但是我们可以从许多的线索中推断出来，这就包括认识马柯维茨的伯恩斯坦。首要的是，那时他曾在一篇文章中写道马柯维茨其实根本不懂金融。

伯恩斯坦这样写道：

> 马柯维茨在他将注意力转向这个方面（在这篇文章中）时，他对股票投资并没有任何的兴趣，对股票市场也是一无所知。作为一个自称为"笨蛋"的学生，他的研究关注于当时相对新的线性回归……

一天，当他在等待教授讨论其博士论文的题目时，他碰巧与一位股票经纪人在等候室聊了起来，股票经纪人建议他通过线性回归解决投资者在股票市场上所面临的问题。虽然教授自身对股票市场并不了解，不能针对如何开始以及从哪里开始写论文给予任何的指导，他还是很热情地肯定了那个经纪人的建议。②

不过，即使教授对这篇著名文章所探讨的话题并不了解，很奇怪的是他依然能指导马柯维茨应用普遍的论文写作技巧，如引用曾经讨沦过相似话题的作者。

所以，马柯维茨与他的导师都没有投资的经验，马柯维茨并不是金融专业的学生而是一名数学家，他的文章本质上是对数学的应用，他并没有去对"什么是投资的风险"这个问题进行解答，他只是探讨了一些他能够驾驭的问题。

因此，他是从逻辑经验论的角度直接进行探讨的。如果某些事情不能被"阐述"，那么人们就不应该浪费时间在探讨它的身上，它是没有

---

① 马柯维茨：《投资组合选择》，载《金融杂志》，1952：7（1）。
② 伯恩斯坦：《与天为敌：风险探索传奇》，John Wiley 和 Sons，纽约，1996。

意义的事情，没有实质的内容。正如维特根斯坦所说的"它没有疑问只有谜"，这个"谜"指的是如何去"阐述"这件事。对于数学家马柯维茨而言，只是用"计算"替代了"阐述"。就如 Aldous Huxley，他出身于杰出的科学之家，在一封给朋友的信件中他写道：科学仅仅是忽略了所有不能衡量的事物。

但是，这显而易见都是胡说。我们不能计算或是衡量爱，但是大多数人们还是用尽一生去寻找它；我们不能计算或是衡量上帝是否存在，但是对于许多人来说，这却是他们所面临的唯一一个最重要的问题；我们不能计算或是衡量一个行为的好坏，但是伦理道德在现今不仅是研究领域的重要课题，还提供了行为准则，无论是个人、企业还是金融界的行为都必须根据它来进行评判。

也许如果马柯维茨学习的是不同的学科比如哲学、心理学或是法学，那么他可能会以不同的方式来进行他的研究，他可能会通过定义或是至少描述这个术语来对其进行阐述，而非毫无意义地假定风险是无法衡量的。

因此，让我们对马柯维茨应该进行阐述但他完全忽略了的问题入手，什么是风险？

什么是风险？

粗略地翻阅字典就能告诉马柯维茨到底什么是风险，风险并不是他尝试去计算的那个事物。大多数字典定义风险为一些不好的或是不受欢迎的事情发生的概率，马柯维茨认为风险就是回报的方差，即均值上下的波动率。在均值之上的回报很受投资者的欢迎，因此马柯维茨的观点跨过了第一道槛，风险等同于结果的不确定性，正如奈特指出的那样，事实却并非如此。风险远比马柯维茨所料想的要复杂得多，他支持的中心理论（投资组合分散化）是合理的，但是他却半途而废，仅仅阐述了其中的一部分，它试图依赖的基本原理即回报的方差必然总是"不受欢迎的"是不合理的。

顺便说一下，这"一半"的观点很重要。即便你接受"波动就是风险"的说法，马柯维茨也仅仅研究了相较于由许多股票构成的投资组合，将持有单一股票的"特定"风险多样化。他并没有研究相较于其他资产类型如债券、不动产等，如何将起初持有股票的"系统性"风险多样化。

尽管很难确信地说，但这种方法仍对全世界的投资者产生了重要的影响，并且它产生了一种主观片面的观点，债券和普通股（股票）是唯一可以接受的投资。讽刺的是，这反过来使投资者拥有风险非常高（波动就是风险）的投资组合，波动率可以利用多资产类型方法给出的不相关回报大幅降低波动水平。

因此，如果我们与六十年来基本上毫无争议的马柯维茨的观点相违背，那么我们就不能将历史周期性回报的方差作为风险衡量。那我们能使用什么来衡量风险？如果风险不是结果的不确定性，那它会是什么？

风险和不确定性之间确实存在着不可否认的紧密联系，结构的不确定性是我们可能采用的风险观点中的组成部分。任何人尝试计算风险，他们都会使用概率——不确定性的一种衡量。他们犯错的地方不在于认定不确定性是风险的组成部分，而在于认为风险完全可以进行计算。

但是，如果我们将不确定性的概念与普遍认为的风险定义统一起来，那么我们必须限制不确定性的范围，即我们所考虑的可能会造成不好的或是不受欢迎的事情发生的不确定性。从另一方面来说，风险是不是未来结果对我们造成实际伤害的可能性？

什么导致了投资者的损失？

这个问题似乎很简单，可能看起来显而易见，但是事实上却使我们受益良多。正如我们看到的，探究到底是什么导致了投资者的损失可以迫使我们对许多其他的问题进行研究。例如，我们所谈论的"投资者"究竟意味着什么？这个回答可能会令你吃惊。

众所周知，投资者进行投资，因此，如果我们能够对投资进行定义，那么我们就能够通过它来帮助我们对"投资者"进行更好的理解。

牛津英语词典将投资定义为"一项值得购买的事物，因为它可能在未来变得有利可图或是有用"，这个定义毫无疑问是正确的，但是对于我们来说却太模糊了。

网上的投资百科全书将投资定义为"一项货币资产，其购买目的在于该资产将会在未来产生收入，或是升值而以更高的价格出售"。相比较而言，这个定义更好，但还是不够。这个定义阐述了我们购买了什么，但并没有解释我们为何购买，对于一项投资，我认为购买的动机应该同样构成定义。我们购买一项工具并不是因为它是什么，而是因为我们希望它能给我们带来什么，能带来收益或是价值升值的简单希望也许会成为一部分，但这并不是全部。

我们投资是为未来的支出做准备。一项资产代表着未来现金流入的预期，无论是隐性还是显性，当我们进行投资时，我们就是将可以用来偿付负债、现金流出的货币价值暂时放置，等待其在未来的增加。换句话说，我们进行投资就是为了能够使我们未来的现金流入与现金流出相互匹配，我们今天进行资产投资，将其用于明天进行负债的偿付。

如果我们接受这些前提，那么这些前提就可以为我们提供一个更为全面、更准确的投资定义：一项资产，其购买目的在于它可以产生足够的价值用于在未来进行对部分负债的偿付。

我们可以通过对"价值"的详述更加深入地研究这个定义。在这里，一项资产的"价值"体现在它可能偿付的负债的"价值"，现实情况大多如此。资产的价值以现金衡量，现金的价值反过来又以其可以交换的一定数量的经济商品来衡量，这就好像负债所有者同意用一项资产来进行等价交换。换句话说，一项资产的价值体现在它的购买力上。

显而易见，这就需要我们对通货膨胀进行考量。众所周知，现金的购买力是逐年下降的，这在很大程度上取决于该经济体内的现金总量以及现金的流通速度。因此，虽然一项资产以市场价值衡量的账面"价值"看似有所增加，但是除非该资产新的"价值"比其旧的"价值"能实际购买更多的具体商品比如黄金、咖啡豆、住房，或者就我们的讨论而言，除非新的价值比其旧的价值能够偿付更多的负债，这项资产的价值才是真的上升了。

所以，购买力的下降应该看作与资本损失一样，即便一项资产的市值可能上升，我们的资产也会没有以前有价值。与普遍观点相反，一项资产的价值与其价格并不是一回事，资产的价值是其购买力，尤其是在其用作负债偿付的时候。

这同样意味着我们对风险的观念即风险表示资本所造成的部分或全部损失的概率是不完备的。如果你的资本的购买力下降了，那么无论资产的外在货币价值是多少，你都遭受了损失。

因此，一个更全面的定义应该是"一项资产既能保留其初始的购买力，又能产生足够的额外收益来偿付部分具体的负债"。

因此，如果我们现在问"什么使投资者遭受损失"，那么回答一定是"能够造成一项资产不按照我们所阐述的那样表现的任何事件"。我们的风险是指资产既不能保留其初始的购买力，又不能产生足够的额外收益的概率。

这一点并没有受到那些所谓的"投资者"的认同。例如，如果一个政府债券的总回报率低于通货膨胀率，那么它并不是一项投资，而只是简单的一种持有现金的方式。同样地，与传说中的"无风险"资产相距甚远，它的风险是百分之百的，因为它完全意味着资产的购买力必然会下降，使在未来的某个时点你能够偿还的负债数额减小。但是，许多误解了风险本质的投资者都会认为政府债券投资组合是无风险的，这仅仅是因为金融界如此告诉他们。

就如我们在第1章所讲，金融街让我们相信一定水平的回报是脱离任何风险而存在的，这只是一个信赖界限。不为人知的，金融界对债券的风险使用了不同的定义，就如其对股票的风险所做的那样。我们已然在前文中探讨过，后者被看作是历史回报的波动率，前者被看作是发行者的违约风险，一些特定的政府被金融界看作是不可能违约的，所以他们的债券被认作是"无风险"的。

甚至更不为人知的是，他们之后将"无风险利率"作为资本资产定价模型（CAPM）中的一个比较。但是如果你将波动率看作股票的风险，那么你必然应该会寻找一个代表零波动率即零风险的利率，而不是零违约风险。顺便说一下，这是不存在的，即便是主要国家债券的收益和价格在随时对其自身进行回顾时也是不断波动的。

一旦我们意识到什么才是真正的风险，那么这个陈旧的借口无论如何都会再无立足之地。波动率与违约风险都会得到人们真正的解读：最好的情况是它们只是高度复杂的仪表盘上的两个指针，最坏的情况是它们毫不相关。一名投资者真正需要知道的就是一项资产的重大风险，即不能满足投资者偿付未来负债目标的风险。例如，违约风险可以算作重大风险的很小部分，尽管这样，这也仅仅是在它被完全正确估算出来的情况下（这是一个很大的疑问）。

"风险调整后的回报"（事实上是"波动率调整后的回报"）的定义变化也很大。关于"相对于什么"的问题不再通过"无风险（很大程度上是名义的）回报"得以解答，而是通过"不能达到你的目标的概率"来回答。因此，风险真的是回报的另一面，就像是一枚硬币的两面。记住 Derrida 和他的分延（译者注：这个术语指的是差异自身内部的差异性），是不能完成目标回报的概率给予了我们达成目标回报的意义。

如果我们沿着这个逻辑继续探究，那么投资的过程必然是以确认并且尽可能地量化我们的负债开始。因为这些将会在未来发生，我们还需要尽可能地精确我们的数据。为了满足未来的现金流出，我们需要增加未来的现金流入。那么，唯一符合逻辑的投资策略就是挑选你认为可以最大可能满足这个条件的投资组合，听起来这可能是一种理性而且直截了当的方法，但是全世界所有主要的投资者几乎都没有用这种方法，不仅如此，他们也不曾用过这种方法。事实上，资产分配的状态是不存在的，它假设资产分配受到传统风险模型的支配，并且如果它受到任何事物的影响，它有可能会在一个选定的波动率水平周围集中，而不是回报。

这种传统观点诸多问题中的其中一个就是你从不考虑你计划中的重要因素：偿付负债的能力。如果正确的风险观点可以为人们所接受，而不是金融界那些人为的观点——波动率就是风险，那么在许多年前就可以显而易见，养老基金的投资决定事实上会造成投资人无法偿付其负债，这并不是可能而是一定会发生。这些投资者没有选择低风险的投资组合，而是选择了高风险的投资组合，而这些投资组合中又有很大一部分的政府债券。

如果他们运用了上述方法，并且计算出能够偿付负债的必要的目标回报，那么他们就会意识到目标回报以及不能达到目标回报的概率（真实风险）在许多情况下只是虚高，而且能够针对提高他们的资金头寸或是减少负债进行正确的讨论。当你已经不能够完全支付未来支出时，减少投资组合中的波动率并不能降低你不能偿还负债的概率，反而会使这个概率增加。事实上，对于任何一个真实的长期投资者，就如养老基金投资者，他们不太可能被强迫去出售任何资产，可以论证的是波动率根本就不是"不受欢迎的事物"，事实上恰恰相反。

主观的方法

我们早期接触过康德和叔本华。传统的风险观点本质上是主观的，正如康德对于这个实体世界所认为的那样——"这个世界自圆其说"。由于风险是一个数学的算值，是一个数学计算过程的结果，它自身的客观实在性存在于它所相关的资产上，这个资产的一大特性就是包含了风险的计算值。

如果事实确实如此，那么这就会引起我们所认为的风险观点的一个重要的哲学问题。如果我们将风险看作是你不能满足为了偿付未来的负债而必须满足的目标回报的概率，那么这就会出现一个情况：不同的投资者所面临的风险水平不一致，因为风险水平取决于他们的目标回报水平以及投资时间期限。如果一个养老基金投资者的目标回报是通胀率加上3%、投资期限是30年，那么对于他来说，持有可口可乐股票的风险与一个想要在一个下午就赚得10%回报的互联网日交易员就不会是一样的。

事实上，叔本华的观点更能说明问题。风险并不是一个确定在其相关资产中拥有客观实在性的事物，而是代表着资产特性与任一独立投资者所处环境这两者之间关系的函数。因为不同的投资者处于不同的环境之中，所以持有一项资产的投资者也会拥有不同的风险水平。金融界陷入顽固的教条主义思想，一个最悲惨的例子就是它完全没有意识到这个非常明显的事实。

在金融界，世界是在一个假设中建立起来的，这个假设对于许多数学家很普遍，那就是往往只存在"一个正确答案"，以及得到这个正确答案仅仅需要一个正确的方法和一组正确的数据。如果正确答案还没有找到，那一定是因为这两个条件中的一个或是全部都没有找到，并不是因为这个答案不能够计算。为了让这一点有效，金融界回归了合理的实证主义方法：不要问任何你提前知道它不可能回答（计算）的问题。

任何一个主观的言论都会将整个假设推翻，事实上，它彻底摧毁了金融界，在这艘大船水位线以下凿出了一个不可弥补的洞，迫使这艘大船沉没。如果一项资产的风险确实会因投资者的不同而迥异，那么就不存在正确答案，更别说那个基于该项资产回报的历史波动率所计算出的结果了，甚至对于每一个特定的投资者而言，也不存在独立的可计算的正确答案，除非你相信过去的数据对未来有指导作用，并赞同我们之前推翻的所有其他的假定。我们可以计算出需要的目标回报，但却不能计算出不能达到回报的概率。

如果我们相信一个主观的言论，这本无可厚非。正因为我们不能计算无法满足目标回报的概率比如 36.4%，这并不意味着我们不能基于所有可获得的定性或是定量的指标以及我们累计的个人知识来进行有效的主观评估。然而，所有的这些都为金融界所厌恶，因为定性因素是不能进行计算的，特别是在与主观判断相结合的时候任何形式的客观定量的方法都不可能。

因此，从客观的风险观点到主观的风险观点的转移产生了很大的不同。一个客观的风险测量有其内在意义；从任何一个主观的观点来看，风险只有在基于观察者的洞察力、价值和环境时才有意义。客观的风险观点基于这项资产，并成为这项资产的特性之一；主观的风险观点要求我们不仅要考虑资产本身，还要考量它与每一个独立的潜在持有者的关系。客观的风险观点是数学计算过程中一个可计算的输出；主观的风险观点混合甚至全部由定性评估构成。

总揽全局

毫无疑问，金融界将这种方法视为致命的威胁，并将它烙上极度危险的、误入歧途的异端学说的烙印。这真是不幸，因为事实上它否定了一个更贴近投资者持有一项资产或是决定是否持有资产的风险观点，资产是完全自由的，它使我们从老旧地将波动率看作风险的境地解救出来。更重要的是，它使我们更加全面地看待风险。

对于金融界的数学家，马柯维茨的观点是很方便的，它提供了一种合适的现成的解决方案：对任何投资者所关心的都给予了快速并巧妙的回应。但并不那么令人满意的是这种便捷性带来了极高的价格。如果你认为波动率和风险是同一回事，那么对除了波动率就是风险这个定义之外，其余的定义都不再需要考虑了。任何水平的利率都不再属于重大风险，而你有必要考虑的风险都几乎不能获悉。探求 2007 年和 2008 年事件原因的那些人们也不需要看得那样长远。

碰巧，就在 2007 年金融危机在金融市场已经越发显露的那天（道琼斯平均指数大幅下降，全世界其他指数紧随其后开始下滑），该作者正在悉尼担任一个投资会议的主席。由于许多投资者对这件事情太关注了，会议的第二天很多投资者都没有出席，他们正忙于安抚那些客户、主管以及托管人。

然而，在会议的第一天出台了一份报告，这份报告是受一个全球对冲基金经理组织委托对全球机构的投资者为什么不进行对冲基金的投资进行了调查，这份报告的一些研究者在早期就道出了他们的困惑：如此多的投资者犹豫不决。在过去的几年中，是因为对冲基金并没有产生非常引人注目的风险可调整回报吗？

除了那些可能为像养老金计划、主权财富基金等机构工作而已经研究过或是曾经研究过的人们，这些答案出乎所有人的意料。主要的原因是不希望因为一个投资者对冲基金投资失败的轰动事件而使机构的名字出现在新闻中，这当然是在麦道夫和斯坦福德之前。因此，我们就能推断出如今这个原因依旧存在。

一些人表达了对可能引发市场滥用或市场操控事件的公然买卖基金的担忧，无论这是真实发生的还是想象的。顺便讲一下，很惊奇地发现很少人谈论缺乏透明度、风格漂移、费用水平，在这份报告的委托背后，所有的这些因素可能都会显露出来。

因此，很明显，风险受到一些"软因素"的影响，如头条风险和名誉风险，这些因素对于现实生活中的投资者，尤其是那些持有全球大部分投资资本的人来说是非常重要的。但是这些都是不能计算的，所以这些都被金融界所忽视。这似乎不需要我们担心，因为从态度方面来讲，从业者与学者对于如何看待投资过程有着非常截然不同的看法。很难想象这样的情景会出现在一些类似与医药或是工程的领域中，因为在这些领域中从业者会紧紧抓住学术研究并致力于将其应用到他们的日常生活中。

相似地，现今，另外的一些"软"风险扮演着非常重要的角色，甚至有时候是至关重要的，监管风险以及政策风险就是很好的例子。许多投资者会自觉地不看好任何一个处于高强度监管环境中的企业或项目。在类似医疗、教育或是金融服务领域中，企业认为监管的成本以及任何投资者可能会失败的名誉风险都是非常重要的；在类似公共设施领域中，价格是直接由政府进行控制的，理论上这个价格可能会因为政府的突发奇想而一夜之间改变；在类似可替代能源领域中，企业会依赖于政府的津贴，而这些津贴可以（也曾经）单方面的取消。

纯粹的政治风险存在于那些需要将挪用资产的真实风险考虑在内的国家中，它可能也存在于专制的不可预测的立法以及监管体系中，有时甚至（正如现在正威胁着印度政府一样）具有追溯效力。有时，这甚至在超国家水平上也成为了一个因素。在 2013 年塞浦路斯事件之后，现在的许多投资者对于持有欧盟中所有银行的现金储蓄都十分谨慎，甚至对于在欧盟注册的全世界任何一家银行都会变得十分小心。

所有的这些都非常重要。事实上，将监管和政策风险考虑在内是现在许多投资决策的主要驱动力。然而，所有的这些考虑因素都不能够进行量化计算，而且几乎与历史周期性回报的方差并没有相似之处。

这里所说的并不详尽。比如，人员风险在私募股权、细价股、能源以及基础设施等投资领域中拥有举足轻重的地位。通常一个投资者的注意力以及讨论点都会集中在负责这个项目或是企业的人员身上，无论是一个人还是一组人，因为大家一般认为管理团队的成败决定了其投资的成败。

但是，风险并不是在任何情况下都能通过历史周期性回报的方差来衡量的。一方面，投资可能并没有任何过去的回报数据。即便有，过去操作该项投资的人与现在操作的人也不太可能是同一个人。即便是同一个人，也不能保证企业在经营过程中的外部环境保持一致，更不用说管理团队未来的行为会与过去行为一致了。

如果我们还考虑其他的风险，如货币风险、气候风险、恐怖主义风险、通胀风险以及（在养老基金中）保证人风险，那么在谈论潜在的投资时我们就已经覆盖了相当一部分最重要的事项。但是这里面只有一个（货币风险）是可以进行数学计算的，而只有在假设政府政策、中央银行行为以及经济环境在未来的表现会与过去的行为完全一样时，该数学运算才有意义。

但是，马柯维茨关于风险的观点中具有高度迷惑性也最令人惊讶的例子是在负债的问题上。金融界有一个很著名的模型，莫迪利安尼和米勒模型，简称 MM 定理。不用说，这个定理并不能在实际中运用，就好像建立一个不能实际运用的金融模型是获得诺贝尔经济学奖的必要条件。要记住，马柯维茨也曾获得过诺贝尔经济学奖，似乎很明显地发现经济学奖是唯一可以颁发给失败者的奖项。

MM 定理表明，从投资者的角度来看，企业在资产负债表中负债的多少并不重要，负债的多少不应该影响企业的价值。它的基本原理是如果企业发行债券，那么投资者会购买股票，债券对股票回报的影响就会增加。如果企业不发行债券，那么投资者会在购买股票之后自行融资。

这当然没有意义。即便其余的一切都是事实，它也需要提出一点假设（听起来很耳熟），那就是每一个人都能以同样的价格很容易地借到钱，这里同样忽略了税收影响。如果企业需要借钱，它就需要抵销作为税前企业支出的利息。在任何情况下，不太可能出现企业和投资者支付同样税率的税费以及拥有相同津贴。

这不仅没有意义，而且还是一个危险的幻想。任何一个有常识的现实投资者都会将企业发行债券的数量以及债券价值看作已知风险水平下的主要因素。如果你不发行债券并且这一年企业经营不顺，那么你可以简单地不进行分红，继续经营，此时股票持有者的价值还是被保留下来。如果你发行了很多债券并且这一年企业经营不顺，那么你就不能支付利息从而破产，此时股票持有者的价值几乎就没有了。

但是，如果风险被简单地看作是过去回报的波动，那么真正的风险因素就不能被认知。事实上，如果一个企业是高负债的，它通常会增加股票的收益，因此"风险调整"（波动率调整）回报与其他股票相比可能看起来异常的平坦。如前所述，为什么金融界认为完全利用已知的违约风险来对债券进行定价是一个好的方法，但却在股票中完全忽略这种方法？

因此，世界上许多的投资建议者仍盲目地接受马柯维茨对于波动就是风险的观点，而这个观点不仅仅是错误的，更是危险的。说它危险的原因在于这个观点注重于对波动率的分析，而对于一些长期投资者来说，波动率的分析几乎是毫无意义可言，相反，这个观点并没有过多关注于其他更加相关的风险因素，而这些风险因素本应该给予重要的权重，它们却总是被忽视。说它危险的原因还在于当一种资产类型的波动率很明显不能成为风险的有效衡量时，最简单的反应就是不将这种资产纳入到投资的考虑范围中来，导致了非常危险的单一且高流动性的投资组合，在市场急剧波动的情况下，这样的投资组合几乎不能提供任何的保护。

　　所以，马柯维茨对于金融界并没有建设多么卓越的功勋，并没有在投资结果不确定的路途中提供一个绝对可靠的指引。相反，他将我们引向了一条漆黑的痛苦挣扎的小路。

第12章

新事物的冲击

17 世纪的瑞典是一个小且并不特别富裕的国家，然而在接下来的大约 100 年中，瑞典却发展成为欧洲主要的海军补给品生产商，这些供给品包括高大挺直的冷杉。当时制造战船的桅杆需要用到大量冷杉，还有麻绳和柏油（由松木制成）。没有这些材料，木质船体的船便无法航行。

不过，从经济角度来看，瑞典的主要问题是用于铸造高价值硬币的贵金属储备极度匮乏。因此，瑞典的货币不得不几乎全部用铜来铸造。在那个年代，硬币的价值由它包含的金属的价值确定，这意味着大面额的瑞典硬币其实就是一大片重达数公斤的铜板，这必须用驮马运送。由于这个原因，瑞典会在 1661 年成为欧洲第一个开始实验使用纸币的国家。

而我们的故事会从这一时间的 30 年前讲起，这时瑞典在它的周边环境中已经居于主导地位，但还没有成为欧洲舞台上被广泛认可的主要力量。因此无疑她在开始于 1616 年的"三十年战争"中扮演的几乎不是一个主动的角色（译者注：三十年战争指 1618—1648 年由神圣罗马帝国内战演变而成的全欧参与的一次大规模国际战争，战争基本上以德意志新教诸侯和丹麦、瑞典、法国为一方，并得到荷兰、英国、俄国的支持；神圣罗马帝国皇帝、德意志天主教诸侯和西班牙为另一方，并得到教皇和波兰的支持，又称"宗教战争"）。大部分时候，瑞典都是在不同新教势力之间不断转移变化的联盟中的一员，她更倾向扩张并加强自己在波罗的海的控制权。不过到了战争结束的时候，瑞典不仅被认可成为欧洲最强大的力量之一，还是北欧新教国家的实际领导者。瑞典后来众所周知的"瑞典流星"的崛起可以追溯到 1631 年 9 月 17 日发生的事件，而塑造了这些事件的卓尔不凡的人物古斯塔夫·阿道弗斯更是不可不提。

我们并不需要太关注三十年战争的细节，这场战争的爆发表面上源于天主教和新教之间的宗教冲突，但后来演化成赤裸裸的权力争斗，甚至曾经见证了天主教法国与新教瑞典的结盟。然而我们关心的是 1631 年的那天发生的事情，因为通过这些事件我们可以与传统金融界进行直接的对比。

古斯塔夫于 1630 年入侵了今天的德国北部地区，他名义上的同盟对他并没有表现出热情的支持，而更令人不安的是，他的帝国（指神圣罗马帝国）敌人对此无暇顾及。然而在 1631 年初，帝国阵营在意大利取得了一场关键性战争的胜利，由此形势发生了转变，这场胜利给帝国阵营带来了一项和平条约，还带来了大军向北行进的机会，而此前大军一直被限制在阿尔卑斯山南麓，帝国还希望借此机会彻底击溃讨厌的侵略者。

帝国将军蒂利向北行军，而古斯拉夫向南行军，他们发现他们处于萨克森的两端，萨克森开始时尝试在这两方中保持中立。蒂利专断地向萨克森要求予以他的军队自由通行权，而萨克森勇敢地拒绝了。蒂利无视萨克森的拒绝，继续穿越边境行军。而这时萨克森站在了古斯塔夫这边，反过来邀请瑞典人进入萨克森，帮助他们对抗蒂利。因此，这两支军队在布莱登菲尔德周围向对方靠近，接下来的这场战争正是以这所小镇命名的，即著名的布莱登菲尔德会战。萨克森人虽然与瑞典人并肩作战，在我们的故事中却几乎没有发挥什么重要作用。

欧洲的战争那时便已经成为被广泛研究和讨论的学术问题，这主要是由于前一个世纪冗长的意大利战争的缘故。火器取代了十字弩，数量渐增的构造复杂的机关炮使精心安排的围攻成为可能，经受过精良训练且装备先进的步兵的存在使骑兵逐渐降级到外围地位，负责保护步兵编队的侧翼，并且在敌人的力量已经被削弱，或者甚至插翅难逃时一举抓获。

蒂利按照惯例对他的步兵摆阵，主体是由长矛兵和持步枪的士兵混编的十二个方阵。① 这些方阵是意大利战争时期占主流的一种叫作"西班牙大方阵"编排得更为先进的版本。从防御性来看，西班牙大方阵的质量毋庸置疑；如果用于攻击，西班牙大方阵也是一个让人望而生畏的对手，虽然它的移动性可能由于需要保持严格的队列并携带长且笨重的长矛而受到阻碍。同样，蒂利在每个大方阵中安排的长矛兵的人数是持步枪士兵人数的两倍，每个方阵大概有十行，这在当时是常见的做法。

像惯常发生的一样，这场用火炮抗争的战役拉开了序幕，这时蒂利收到了那天他注定经历的几场不愉快的惊吓中的第一个。古斯塔夫已经研制出轻量加农炮，这种大炮设计巧妙，主要用瑞典产的铜铸成，在战场上可以用马队较为方便地挪动，并且比帝国军队笨重的大炮有更高的射击速率。因此，敌军每发射一门炮，古斯塔夫可以发射三门。

蒂利现在开始尝试用一系列骑兵队冲锋。然而这些并不奏效，主要原因在于古斯塔夫训练他的士兵攻击马匹而非骑马的士兵，他富有远见，估测出这些士兵在没有马匹的情况下基本上无用。同样值得注意的是，这些"冲锋"只是名义上的，在当时，广受欢迎的战略叫作"半旋转"，借此骑兵们可以冲进敌军战线一小段距离，然后鸣信号枪。虽然理论上来说他们接下来应该使用马刀，但几乎没有人选择这样做。

在对抗瑞典人左侧的萨克森人时，蒂利的策略更成功，萨克森人的整支部队开始溃散，并在田野上消失。蒂利打算从敌军的左翼下手，迫使瑞典军队退向中央，因此他命令他的大方阵朝着瑞典军队的方位沿对角线移动。实际上，这对于他们来说作战演习时非常困难，因为他们的长矛带来了很大负担。

另一方面，古斯塔夫却为他的士兵特地安排了较短的矛，所以他们

---

① 为了方便起见，我们这里使用术语"持步枪的士兵"（原文为英语单词 musketeers），但严格来说，那场战役中使用的武器是火绳钩枪，一种早期形式的步枪。火绳钩枪与后来的武器有些区别，它们使用火枪而不是燧发枪，另外这种枪上安装有辅助的打火杆，而后来的武器不需要其他辅助器械，可以直接架在肩膀上。

的部队调动起来更为方便。他们以排为单位排列而不是大方阵。当难以操作的大方阵在战场上像螃蟹一样笨拙地移动时，更为敏捷的瑞典步兵只需要撤回受到攻击的侧翼，并用另一侧翼顶上，就可以使所有的帝国军队都处于火线上无法脱身（被称为"斜线战术"，这种战术后来被腓特烈大帝成功地借鉴了）。古斯塔夫在布阵时增加了军队中持步枪的士兵人数，使持步枪的士兵与长矛兵人数大致相等，并且比他的敌人的队列的排数要少得多，因此所有的步枪都可以携带，现在帝国的大方阵发现他们面临着猛烈的炮火。

而让事情更糟的是，古斯塔夫同样把轻量加农炮应用到他的步兵队中（这个战术后来被拿破仑借鉴），而这些步兵之前接受过向低处开炮的训练，他们把加农炮打到敌军大方阵的膝盖高度，由此造成了严重的枪伤。

大方阵的队列被撕开一个个大洞，他们绝望地挣扎着，古斯塔夫这时看到了一个施展绝招的好机会。在帝国步兵向右移动时，它就离开了他们本来大致位于中间位置的加农炮。一声长啸之后，原本接受命令忽略他们的手枪只对付马刀的瑞典骑兵开始向帝国军队左翼扫荡，并把他们俘获了。

通常来说，这对敌军是一个沉重打击，但算不上灭顶之灾。骑兵会杀掉他们抓到的每一个炮手，然后向前移动。他们会沿着洞眼钉钉子，以此阻碍敌军的加农炮发挥作用，这就是他们特地携带锤子和钉子的原因，但是他们在一时激动之下经常忘记这么做，并且大家都知道加农炮随后还会被夺回去并重新投入使用。然而古斯塔夫训练自己的骑兵要像炮兵一样行动，他不让他的骑兵去追击逃窜的敌军，而让他们跳下马，用夺来的枪射击它们先前的拥有者，向大方阵的后部发起了毁灭性的炮轰。一段时间的奋勇抵抗之后，蒂利的军队溃败了，剩余的兵力按照安排的路线消失在周围的村庄中。

蒂利因此晕眩惶然是可以理解的。从身体上来说，他的确昏倒了，因为他是在头部受创失去意识的情况下被护送出战场的，不过从精神上来说也是如此。以那个年代的标准评价，蒂利并没有做错什么，但是与古斯塔夫的每一次交锋，蒂利碰到的都是意想不到的军事创新，这些创新在蒂利的经验之外，因此他无从应对。蒂利出师未捷，并不是输在自己军队的无能，而是败给了新事物的冲击。

他唯一的错误是想象力的失败而非能力的欠缺，他败在没有意识到过去发生的老一套的东西在未来未必会再次发生。而传统金融界的那些家伙每天都在经历这种想象力的失败，因为他们乐此不疲地分析大量历史数据，并用这些数据以及他们神奇的公式来计算将来可能会出现的结果。这都取决于我们之前考虑过的一个基本假设，也就是说，过去的结果对未来表现来说总是一个好的指导，而如我们已经看到的，像大多数支撑起传统金融的基本假设一样，这个假设也是错误的，或者至少说仍然存在很大争议。

科幻电视迷们都知道《星际迷航》系列电视剧中的"首要指令"禁止任何干扰，不论在当前的事态中看起来多么琐碎，这种干扰在未来都可能戏剧性地变大并且带来不可预见的后果。当然，这只是在小说中，不过它指出了一个严肃的命题。研究混沌理论（我们在前面的章节曾简略地接触到该理论）的学生知道，任何给定情况下初始条件的微小变动可以引起最终结果的千差万别。有时候这被称为"蝴蝶效应"，[1] 这种画面传达的观点是，即使是诸如蝴蝶扇动翅膀这种无关紧要的事情，也可能对世界的另一边造成巨大的影响。

混沌理论把系列事件划分为两种类型：确定性的和非确定性的。确定性系统对它的初始条件敏感，但之后会阻绝所有外部影响，沿着一条完全独立的路径演进。换句话说，它的初始条件可以有效地从可能发生的结果中圈出一定的范围，但是这些结果是由系统自身决定的。

这就是蝴蝶效应起作用的地方。研究看起来表明，首先初始条件的

---

① 这个短语被认为是由爱德华·罗伦兹创造的。

一个很小的变动可能引起最终结果发生巨大的改变，第二这种改变的性质和程度本质上来说是不可预测的。

值得注意的是，这种观点可以被应用于一个确定性系统中，换句话说你可以简单地接入初始条件，然后退后，看着事情在一个彻底封闭的环境中渐渐展开。但这对于金融来说是真的吗？不，肯定不是。金融是不断变化的，或者说，至少金融是在一个持续敏感并且处于不断变化的环境之中运行的。

换句话说，金融在不断变化的基础上对环境保持敏感，而这些环境本身就是持续改变并相互作用的。因此，我们不可能用初始条件预测可能的结果，甚至是一系列自我包含的（确定性的）事件的结果，如果上述观点是真的，那么我们更不可能这样预测一系列非自我包含的，相反面临外部力量持续的影响和污染的事件，这句话的真实性又会大多少呢？

不过，就像蒂利在布莱登菲尔德会战中一样，投资者们的行为表现出来的，就好像那些过去正确的在未来还会继续正确一样。有两个例子或许能够帮忙阐明这一点。

在前面的章节中，我们看到传统金融是怎样把历史回报的波动性等同于风险的，而这基于资本资产定价模型（CAPM）的发展。是否了解CAPM的原理并不重要，不过主要来说，它要求测量投资组合中与投资一个"市场投资组合"的风险相关的份额的风险。

它远没有听上去的那么复杂。让我们考虑两种不同的情况。有两个不同的投资者，每个人都打算投资股票市场。其中一个决定不论回报水平怎么样，他都乐于接受市场作为一个整体提供的回报，所以他会投资指数追踪基金这样的东西，这种情况下经理不需要判断要投资哪只股票，只需要精确复制所有时刻相关股票市场指数的构成就可以了。这被称为消极投资。而另一个投资者想自由选择个体股票，因为他相信自己可以跑赢大盘。这被称为积极投资。

　　凭直觉来看，第一种策略，消极投资听起来比第二种积极投资的风险更小，当然它也是有风险的，不论风险可能是什么，风险更小是因为我们都已经明白无误地把任何个股中的投资风险多样化了。从整体上看投资，多样化的投资组合通常比只投资几只或者甚至只投资一只股票的风险更小。那么有个显而易见的问题随之而来：第二个投资者选择的积极的挑选股票的策略会带来什么样的额外风险呢？

　　事实上这是一个非常难回答的问题，因为它因不同的投资组合而异，并且，当然它完全取决于一开始你所指的"风险"是什么。CAPM是传统金融界解决这个问题的一个尝试，如我们所见的那样，它的确通过计算（当然）与市场相关的每只个股的"风险"（历史波动性）或者市场指数整体的风险来解决这个问题。出于满足大家好奇心的角度，或者从技术手段上讲，它先测算单项资产相对于市场整体的协方差，再计算市场回报的方差，再用前者除以后者。实际上，它计算的是相对于市场波动性而言每只个股的波动性。

　　这项数学结果被记作β，像我们了解到的那样，这个模型并没有什么魔法。它只是一个算术函数，其存在就是为了使CAPM成立的。市场本身的β值始终为1，所以任何个股的β值总会大于1或小于1。就是这个理论。我们不久将会看到，在讨论CAPM和它各种各样的兄弟姐妹时，需要把很多重要的反对和明显的限制考虑在内，不过现在让我们先把这一点放一放，回到我们的第一个例子。

　　我们之前已经注意到，不论CAPM声称自己计算出的是什么，都不可能是风险，因为它包括表现胜过大盘的可能性，而风险则是令人不悦的事情发生的可能性，并不是令人愉悦的事情。不过毫无疑问，它测算了相对波动性，而多年来，机构投资者都以此作为投资策略的基础。让我们仅花一秒钟的时间想一下CAPM模型中β值的含义，然后这种特定策略背后的想法就变得清晰起来。

　　β值大于1的股票往往比市场总体移动得更多；换句话说，当市场上升时，他们倾向于上升得更多，而市场下跌时，他们也有下跌更多的倾向。而 β 值小于 1 的股票则相反。

现在你很可能已经猜到策略是什么了。就是把股票分成两种不同的类型：周期性股票，即 β 值高的股票，和防卫性股票，即 β 值低的股票。如果你认为市场上升的可能性比下降的可能性大，你就会更倾向周期性股票，而如果你认为市场下降的可能性比上升大，你会更青睐防卫性股票。周期性股票传统上来说是零售公司，比如连锁商店、百货公司和超级市场，尤其是那些面向高端市场的公司。而典型的防御性股票包括银行和公共事业公司。这种策略总是会合情合理地起作用——当然假如你总是能正确地预测市场变动的话！

然而在 2007 年年中大家对股票市场深感担忧时，如果你假定旧的真理永远适用，并据此重新调整你的投资组合，使其高度偏向银行部门，那么想想会发生什么吧！忽然之间，这样的选择不仅不是最安全的，反而成为事实上最具灾难性的选择。

第二个例子可以从私募股权界中提取出来，通常人们认为私募股权模糊不清且十分凶险。事实上并非如此，我们认为私募股权模棱两可，很大程度上源于我们对不同种类的私募股权是什么缺乏理解（是的，实际上私募股权分为好几种），对这几种私募股权尝试达到的目标同样所知甚少。

让我们把注意力放到其中一种特定的私募股权上来，即美国的早期风险投资。在 20 世纪 90 年代后半部分，这个领域的领导企业为他们的投资者带来了数量惊人的高额回报，有时风险基金的回报甚至比他们初始投资资本的 20 倍还多。而这些业绩的数字背后，许许多多的投资者卷入不同的资产类别，资产的规模迅速膨胀足以令人担忧。1991 年，美国的风险基金筹集金额每年只有不到 20 亿美元，而到了 2000 年，更多的估计数据显示，该数据超过了 1 000 亿美元。

常识表明，没有哪个资产类别，不论它是什么，可以在不经受严重的回报率下跌的情况下吸收如此庞大的资本增长。然而常识居于次要地位。投资者假定过去 10 年发生的事情对于未来将要发生的事情是一个好的指导。有了这种后见之明绝对可靠的益处，投资者们无疑更加盲目，因为一个巨大的泡沫在技术和互联网部门都酝酿了起来，这又导致了相关股票市场的泡沫。我们现在知道，那时候的估价已经达到了不可持续的程度，并且只有用所有涌入市场的新增资本的权重才能维系住它。过去发生的事情根本不是未来的可靠指导。

我们还可以从投资者们的经历中挑选出更多的例子。在某些例子中，错误非常明确，事情表现得就如他们一直以来的那样。在另一些例子中，事情就更为复杂了。尤其是，投资者们已经表现出他们并不善于识别资产类别中发生的结构性变化，或者周围环境的变化。当初始变化本身就很大（也许"cov – lite"贷款和信贷衍生品交易的大量出现在 2007 年开始的波及银行部门的危机中就扮演了这么一个主要角色），那么最终的结果自然变得更加难以（甚至不可能）预测。

对此有好几条原因。其中一条是，当我们从行为角度分析金融时将会发现，投资者们倾向于给予能够证实他们信仰的数据过高的权重，而低估那些向他们的信仰提出质疑的数据。另外一点是，毫无疑问地，投资者们会从过去已经做过的事情中寻找慰藉，不仅是他们自己做过的事情，还包括大多数伟大的投资者们做过的事情，并且当他们意识到自己可能成为第一个背离某个已经被广泛接受的观点或方法的人时，他们会本能地感到紧张。

《圣女贞德》中，有人说"脱离传统实践是一项伟大的责任"。萧伯纳的贞德就是这样说的：

> "你是个少有的笨蛋，先生。上次怎么办，这次照样干——这就是你的信条吧，嗯？"

讲得更平淡一点，人会犯错误。在通常情况下，我们并不善于留意那些发生的变化并考虑这要求我们的动作应当怎样有所不同。举例来说，当蒂利看到古斯塔夫把士兵按排布阵而非组成大方阵时，蒂利有没有停下来想想这到底暗示着什么？而甚至连伟大的拿破仑都被证实在敌人已经逐渐适应他的战术之后，他表现得非常奇怪，没有能力或不愿意改变自己的战术，这也是为什么拿破仑后期的许多战役都演变为恐怖的、异常血腥的恶战。

变化是特有的。它既是我们确定自己可以应对的事情，也是我们似乎一直无力解决的事情，尤其是如果要求的反应既不紧迫也不彻底的话。早在 1970 年，艾尔文·托夫勒在认识到世界上正在发生着巨大的改变之后，就开始写《未来的冲击》①，但这位作者似乎大体上既对变化视而不见，又没有能力处理它（译者注：艾尔文·托夫勒 1928.10.8—，未来学大师、世界著名未来学家。出生于纽约，著有《未来的冲击》、《第三次浪潮》、《权力的转移》未来三部曲，对当今社会思潮有广泛而深远的影响）。从那以后，围绕着变化管理，管理理论的完整框架逐渐建立起来，这种理论承认不仅总是存在着对变化的抗拒，而且还存在着人类本能的敌意。

因此很可能这种从传统中寻求慰藉有着根深蒂固的心理学原因。我们需要得到相信过去是未来的好的指导的再三保证，即使这被描述成近乎驾车高速飞驰，却只从后视镜中看到一点路况。我们认为之前发生的可能再次发生，并且本质上来说以相同的方法发生。

所以，传统金融在这里是在推一扇敞开的门。我们欢迎用历史数据计算未来表现这个观点。它就是传统金融依附的安心毯，在事情出错时尤其如此。

当然，很多情况下这的确是对未来的合理指导。我们已经提到了一个例子，股票市场崩溃往往不可避免地带来市盈率持续迅速地上升。而讽刺的是，正是在这些非常情况下，我们往往忽略价格泡沫的警示性信

---

① 艾尔文·托夫勒：《未来的冲击》，兰登书屋第 1 版，伦敦，1970。

号，自欺欺人地告诉自己，我们被锁定在一个可以永远持续下去的上升的市场。

然而这里的关键在于词语"指导"的使用。它是仪表盘上的刻度，给我们提供了一些汽车接下来运行情况可能怎么样的信息。然而，还有我们同样可以看见的另一些刻度，或者可以通过看向窗外或听引擎发动获得的信息。常识和传统金融公司就都在这儿。

常识表明过去的数据是评定将来最可能发生的结果的范围的方式之一。但是在考虑周围环境是否已经变化时，历史数据需要让位于我们的判断，而在主要的结构性转变发生时，历史数据其实几乎没有用，甚至连粗略的指导也算不上。

另一方面，传统金融，根本就没有为"评估"或"判断"提供空间。它关注的是计算，而不需要评估和判断，因为计算总会带来那个正确的答案。传统金融里也没有主观方法或定性方法，或者甚至是他们涉及的开放性问题的位置。记住，传统金融只问那些可以计算出答案的问题，而如果你不假定过去的数据是未来表现的良好指导，任何计算都不可能实现（或者说，至少是无效的），因为历史数据是你仅有的可利用信息。

当然，所有的金融作家都为传统金融对常识的反对开了绿灯。虽然金融丛书和类似投资通告的材料声明过去的表现对未来或许并不一定是个好的指导，然而这通常只是例行公事，他们并不是真的认为过去的表现可能具有误导性。现实是他们不愿意，并且很可能也没有能力接受这样一个事实，他们的作品不过是一团模糊失真的整体之中模糊失真的一部分，而不是一个干脆的、清楚的、利索的计算得出的解决方案。

这还有另外一层暗示，对使用历史数据和对它们应用统计技术的痴迷往往强迫投资者们接受对金融回报，以及衡量分析它们的一种特定的观点。我们已经看到这种观点人为上被搞得十分狭隘，并且相比于其他的方法，这对理解投资者需求没有多少用，尤其是对于像养老基金和人寿保险公司这样的长期投资者更是如此。

似乎不论我们的讨论往哪个方向发展，我们总是来回转圈，最终回到人们应该怎样接近金融这个基本问题上来。这个问题始终困扰着我们，就像我们被困在一个错综复杂的迷宫之中，发现我们自己总是处于迷宫中间一样。这是有原因的。这是中心问题，或者说基本问题，是人们在打开那些公司金融或投资理论的书之前必须要解决的问题，但是他们并没有，也从来没有解决过。

为了理解我们应该怎样接近金融，我们应该怎样对待它，我们就必须回答在本书一开始便提出的问题。金融是什么？

现在，我们是时候面对这个问题并一举解决它了。什么是金融？它是哪一种动物——鱼或者鸟？只有知道这个问题的答案，我们才可能寄希望于发展出一条接近金融并应对它的合乎逻辑的道路。所以，让我们去寻找这个问题的答案吧！我们会从第二次世界大战之前的维也纳开始说起。

第13章

金融与科学

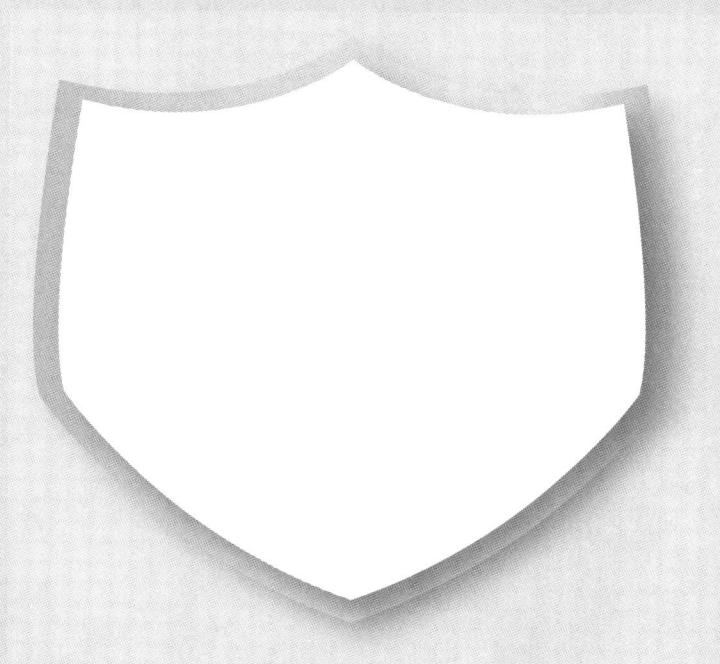

　　在探讨科学和金融的关系时，如果我们先回答"什么是科学"这个问题会很有帮助，因为只有答出这个问题，我们才能找到真正的参照系。幸运的是，我们从现在最伟大的哲学家之一，卡尔·波普尔那里，得到了很多帮助。卡尔·波普尔的早期研究工作是两次世界大战期间在智力的沃土维也纳开展的。在他的著作中，1934 年首次出版于德国的《科学发现的逻辑》① 中，他便提出了这个问题。什么是"科学"？

　　顺便提一句，这个讨论中的两个例子是物理和一门相对新的科学"精神疗法"。虽然艾尔伯特·爱因斯坦在波普尔的书出版前不久从柏林移民到了美国，但他对欧洲仍然影响深远。实际上那个时候居住在维也纳的是西格蒙德·弗洛伊德，尽管他和波普尔不久之后都会跟随爱因斯坦流放到异国，以逃避纳粹的反犹太运动。所以一方面是爱因斯坦和物理，这理所当然是一门科学，另一方面是弗洛伊德和心理学，或者更恰当地说是精神疗法。如果这两者之间有什么区别的话，是什么使得它们其中一个与另一个不同呢？

　　波普尔说，有个概念非常重要，他把它称为"可证伪性"。虽然他给了一个非常复杂的名字，但这其实是一个很好理解的简单概念。科学规则，他说，是不可证实的。你无法证明它们是正确的，那只不过是它们目前还没有被证明是错误的罢了。如果我们说在铁周围缠绕通电线圈，铁可以被磁化，那这句话的真实意思是，到目前为止，我们现在还没有找到一块铁不符合这个说法。所以，如果我们基于铁会被磁化这个假说进行实验，并且实验结果与假说一致，这并不意味着我们证明了假说的正确性。这只意味着我们暂时可以把假说看成是有效的，除非某处某个人进行的实验得到了相反的结果。当出现相反的结果时，这个规则或假说就被证伪了，并且我们必须抛弃它用别的东西取代它的位置。

　　他说，这是真正的科学方法的性质。科学家们忙于不断地检验他们

---

　　① 卡尔·波普尔：《科学发现的逻辑》，泰勒弗朗西斯集团，2005，Kindle 版本。首次出版名为 Logic der Forschung，斯普林格出版社，维也纳，1935。

所研究的领域内的规则，大多都是通过实验进行，并且不懈努力以证明它们是错误的。为什么？因为他们认为这样才能进步。一旦你抛弃了一个规则，你就必须提出其他可替代的选择，并且依次检验它们。或早或晚，你会找到一个你无法证伪的规则，至少是现阶段无法证伪的，而这个规则就可以被采纳为新的规则。

伟大的物理学家理查德·费曼，据说是历史上唯一一位声明自己从精神角度来讲不适合服兵役并且获得了诺贝尔物理奖的人，他曾经说：即使一个规则被证明是有点错误的，它对我们认识这个世界也有巨大的影响。（译者注：理查德·费曼，1918—1988，美国理论物理学家，1965年诺贝尔物理奖得主。他提出了费曼图、费曼规则和重正化的计算方法，这是研究量子电动力学和粒子物理学不可缺少的工具。）

科学的规则有两个特点。我们已经看到，它们必须有被证伪的可能，但它们同样必须普遍适用，至少在相应物体或事件的分类之内它们要适用。制约着宇宙运转的规则与制约太阳系运转的规则并无不同，尽管它们之间的相互作用可能产生差异巨大的结果。但它们的规则是普适的（并没有故意使用双关语），它们时时刻刻都遵循同样的规则运转。

由于这两个原因，波普尔得出结论，精神疗法并不是科学。每个案例中的研究对象都是一个个人类个体，并且我们没有办法基于观察对任何规则进行证伪，从而进一步升级这个规则，特别地，荣格指出，每个病例观察的结果，无论如何都渗透了个体的感知和他对应的治疗师的偏见。没有任何迹象表明这些规则会适用于每个例子中的每个人。相反地，虽然有时候结果之间是一致的，但大多数情况下并非如此。事实上，现在许多精神治疗学家认为一些被弗洛伊德采纳为既定真理的规则其实是存在很大争议的，尤其是他关于潜意识的整个学说。

所以精神疗法并不是一门科学，因此并不是一个适合用证伪规则的科学的方法来研究的学科。它不像金融，金融是一门科学，而且很可能是应用数学的一个分支。

不过这个假设有效性怎样呢？金融真的是一门科学吗？

什么是金融？

　　我们在问过"什么是科学"这个问题之后，现在逻辑上讲该问"什么是金融"了。金融真的表现出科学的特点了吗，还是说它其实是其他东西，像精神疗法一样。

　　我们可以从传统金融的规则是否可证伪和是否普遍适用的角度进入冗长的讨论。如果金融的确是一门科学，那么所有的事情都是正确的。不过我们在后面会看到，这些事情都是受到高度质疑的。事实上，现在的情况比受到质疑还要诡异。在实践中，恰恰有些人要求用回答封闭性问题的数学方法接近金融，好像它真的是一门科学一样，但他们却不认为可证伪性的概念适用于金融。我们知道，举例来说，一项投资的风险是不能通过参照历史回报率计算得到的，也许根本就无法得到，但是人们还继续这样做。我们知道股票市场的回报率并不符合正态分布，却仍然假定它是符合的。我们知道投资者并不是理性经济人，等等。事实上，任何金融的传统观点都包含了大规模的知识上的不诚实现象。

　　不过这里还有一个我们应该直接进行的重要观察。让我们考虑下物理和金融之间的对比。一方面你有制约宇宙运行的规则，另一方面你有制约金融运行的规则（不妨我们暂时假设它们的确是"规则"）。而这两个研究领域之间并不存在根本的、巨大的差异。

　　仅仅假设下人类即将从地球表面消失。宇宙仍然会按照规则运行，并且是以同样的规则之下同样的方式运行。但另一方面，金融就不是这样了。随着人类消失，金融也将不复存在。因为金融依赖于人类的活动与相互作用。它的运转方式是由人类的决策确定的，而这些决定会受到包括情感、行为、周围环境在内的一系列因素的影响。

在研究金融的时候，我们研究人类个体的想法和行为的表达，所以金融并不比精神疗法更像一门科学。没有什么可以保证两个人在面临同样的事情时会作出完全一样的金融决定。事实上，如果他们的决定是完全一样的，金融交易就不可能存在了。如果一个投资者以 1 美元的价格向另一个人出售了一股股票，那么这两个人中一定有一个人预计股票价格会上涨，所以现在以 1 美元购进是个好价格，而另一个人则期待股票会下跌，所以以 1 美元出售是个不错的价格。他们不可能都是对的。

任何科学规则，比如那些以数学公式的形式表达出的规则，它们被应用于金融之中就像它们被应用在其他的环境中一样，当然是可以证伪的。但它们的运作方式却并不像在其他科学领域中一样。物理学中，规则解释了宇宙一直以来是怎样运行的，并且以后会怎样运行；这并不需要人类在适当的时候推动杠杆按下按钮去执行这些规则。而金融中，规则是用来解释事情在过去是怎样运转的，但它们不能解释在未来会怎样，因为结果取决于人们同时推动的许多杠杆和按下的不同按钮，有些人可能完全随机行动，根本不遵循任何"规则"。

所以如果有什么不同的话，比起诸如数学这样的科学，金融看起来更像是人类行为的一部分，而人类的行为总是不可预测的，往往也漫无章法。是的，或许我们的确可能提出可以解释过去事情的运转的规则，但我们会看到在碰到可证伪性的火焰时，它们就迅速地被灼伤了。金融并不是一个可以通过提问封闭性问题理解的学科，或者至少说不能只有封闭性问题。

因此任何研究人类行为的学科，比如心理学或社会学，根据波普尔的分类，它们充其量可以算得上是伪科学，它们虽然尝试着采用科学的方法，比如收集数据、记录观察到的现象，但我们并不能制定出预测性的硬性规定保证有同样的输入和条件，就会出现相同的结果。我们充其量只能提出指导性原则，给定输入和条件，某个特定的结果比其他结果出现的可能性更大。这些规则不能被证伪，因此不能恰如其分地代表

"科学"。

因此我们可以得到一个结论：金融不是科学，因为它的规则不能被证伪，并且毫无疑问金融也不是数学的分支。它并不是"关于数字"。然而那些相信它是科学的人一定会像科学那样接近金融吗？其实并不尽然，在思考为什么会这样时，我们还需要直接回到伽利略那里。

理查德·费曼和史蒂芬·霍金这样的科学家指出，你永远不能说一个科学规则是"真的"。它只是一个还没有被证伪的假说。而尝试证明它错误是科学家们的职责，因为这样或许可以获取更多知识和理解，从而取得进步。由于科学规则必须是普适的、预测性的，那么只要有一个实际结果与预测不相符的例子，就能够证明某个假说是错误的。这个假说随之被抛弃，然后一个与实际观察到的结果相符的新的假说会被建立起来。新假说又会不断地接受检验，等等。

就像史蒂芬·霍金在《时间简史》中说道的那样：[1]

[一个科学理论]从它仅仅是一个假说这个意义上而言，总是暂时的：你从未证明它是正确的。不论多少次的实验结果与某个理论相符，你都无法确定下一次结果是否会与这个理论矛盾。另一方面，你甚至只要找到一个与理论的预测不符的观察，就可以证明这个理论是错误的。

显然这样的例子在金融界还没有发生。现实与已经提出的假说不符，然后，像早些时候提到的"科瑞克"居民一样（译者注：见第4章），金融界派遣机器人杀手向现实发起攻击，使现实与规则一致。他们不是抛弃假说，而是制定了一堆与假说一致的假设，即使这些假设与现实世界实际发生的事情往往近乎滑稽地不符合。这就像建立了一个无菌实验室，也许是真空的，金融界脆弱的机制在这里起作用，但一旦打

---

① 史蒂芬·霍金：《时间简史：从大爆炸到黑洞》，BCA，伦敦，1998。

破玻璃罩，将其纳入外部环境，它就彻底崩溃死亡了。

即使在被波普尔称为伪科学的研究领域，必定也尝试过科学方法，规则不断经受观察的检验，并且在合适的地方不断被修改或者重构。换句话说，我们不仅仅需要看研究的是什么，还要看是怎样研究的。金融界中有些规则已经被证明是错误的，却仍旧被保留下来了，为了使它们成立，金融界提出了越来越多分散的假设，并且抨击任何持有异议的声音，金融界对此冥顽不灵地坚持的行为远远达不到要求的标准。

事实上金融本身更类似于波普尔所认为的不应予以考虑的"教条式思维"，这里信仰受到自动的维护，不会受到任何挑战。它是一个有效的宗教，一个从来不会宽恕的宗教，就像伽利略时期的天主教堂一样。甚至词语"思维"本身或许就是不合适的，因为如果我们只是被告知要去相信特定的东西，那么思考便无从谈起。

所以，金融可以被划分为伪科学，或者我们今天所说的社会科学或者社会学，例如心理学，为了和以物理、化学为代表的自然科学区分开。然而学者们拒绝抛弃已经被证伪的假说，这种接近金融的方法使它堕落到与宗教处于同一层面。

我们需要讨论这对金融研究总体上会有什么暗示意味，以及金融学科是怎样被组织建构起来的，但在此之前，我们必须在金融实践的范围之内，更为细致地探索金融理论非科学的方法的效果。

如前所述，在诸如医药这样的领域，很多有价值的研究是在大学和医院里完成的。这样的研究随后会发表，并且在合适的时候，医生会尝试着把它应用到临床中去。这是一个自然且有益的过程。不过在谈到金融的时候，似乎没有纯学术研究带来了特别大的影响，除了它发表的第一天早上。专门为金融类学术研究成立的基金非常有限，并且极少成功。也许历史上最高调的失败之一就是长期资本管理公司，它的主要领导是诺贝尔经济学奖得主迈伦·斯科尔斯，布莱克—斯科尔斯模型的建立者之一。

当然，给定水平回报率情况下出于降低投资组合波动性的目的而建立的基金，或者给定波动性，出于提高回报率的目的而建立的基金数量众多，并且大多数看起来能够成功地实现它们选定的目标（在金融行话中，这通常被称作"扩展有效边界"）。然而这种估计需要我们接受波动性等同于风险这种观点，或者至少接受降低波动性一定是好事。

不论是什么案例，在谈到金融时，学者及他们的助手（他们的"追随者"）和那些真正从事投资实践的人之间都会产生一道鸿沟，很多金融从业者对这种压制性的老旧宗教越来越抱有不可知论的观点。宗教改革的画面——同一宗教新旧理念之间的冲突——马上就浮现在脑海中，这个我们还会回来讨论。

有人提出这个鸿沟的范围会稳定地扩大，并且可能在未来数年内戏剧性地扩大。目前，强烈质疑传统金融界风险观点的金融从业者的数量还很小，即使他们正在增长并且变得越来越愿意发声。经济学中，如今有异端人士开始以差不多同样的方式挑战一种被广泛接受的观点，即我们今天所称的"凯恩斯主义"是解决财政问题的唯一方式，这些异端人士声称一种可供替代的选择或许是更可取的，这种选择主要以我们之前已经提到的冯·米塞斯的著作为基础。"凯恩斯主义"，他们窃窃私语，或许本身就是一个巨大的骗局，如同我们之前已经看到的马柯维茨的风险观点一样。

有一件事很耐人寻味，投资理论和实践之间的日益增大的深渊并不应该引起人们更多的关注，因为这是一个基本问题，触及金融界究竟应该尝试着实现什么目标的实质，并由此判断它到底是成功还是失败。重要的事情不仅在于问金融界应该研究什么，还包括为什么是这样，在这个案例中，事情或许比这二者之间的分歧所表明得要更为复杂，因为第二个问题的答案决定了第一个问题的答案。

如果金融研究与金融有什么相关性，尤其是在把它看作是社会科学时，那么无疑它可以提升投资者对于他们应用的技术、工作的环境的理解，所以或许他们能够更有效率地完成他们的任务。金融界似乎已经忽略了这一点，他们把金融研究本身视为金融研究的目的，相信学者的价值不是通过他们是怎样帮助投资者更深入地理解金融，也不是通过他们是怎样教授自己的学生来衡量的，而是通过他们在同行都会阅读的学术期刊上发表了多少篇文章衡量的。我们在之前的章节中曾经表示，许多文章自身几乎没有使用价值，因为它们只把重点放在创造越来越复杂的数学模型，而这些模型建立在最为脆弱的概念性的假设之上，虽然事情并非尽数如此，但还是令人遗憾。

而更令人感到悲伤的是，学者们从根本上把他们所研究的对象的性质搞错了。数据的数值特性提供了一个令人感到慰藉的幻觉，他们相信自己正在研究的是科学的，就像物理学科中一个人正在分析实验结果一样——但实际上这只是一派胡言。

不像这些实验的结果，金融数据本身没有真正的相关性或含义。数据只是记录了人类行为的结果，而行为反过来是由人类的决定驱动的，决定又主要是由情感驱动的。一项特定资产的在一段特定时期的年回报率为14.6%，或者说两项不同的资产的收益模式之间的相关性（衡量两件事物同时以相同方式移动的程度）为66%，这样的事实或许从"不错误"的角度上来说是"对的"。从这层意义上讲，一个经过恰当计算的数学结果必定总是"对的"。但是对于投资者来讲，它并不具备实际意义或有效性。

那些用于计算的金融数据与观测到的降雨量，或者观察到的学龄儿童的身高并不是一个层面上的数据。金融数据更类似于观测的某个地点在某个特定日期冰淇淋的销量以及售价。后者只是对人类行为的记录，即那一天购买冰淇淋的人的数量。如果你想理解为什么会这样，你需要探究涉及这个行为中的人们的动机，还有所有的外部因素，比如天气，以及7月26日是周末或假日还是一个无聊老土的工作日。你还需要研究当价格水平更高或者更低时，他们的决定是否会改变，以及冰淇淋的替代品比如一瓶冰镇可乐的可获得性。

对金融数据的量化分析并没有内在价值。只有当它对于一些投资者来说有用的时候它才具备价值，而它对投资者有用的唯一途径就是它能够协助投资者更好地理解他们正尝试着做的究竟是什么，并因此提高他们成功的几率。想一想这个世界上有些投资者是大型机构，数以百万计的人们的养老金和保险保护都依赖这些机构，这样一来这一点的重要性就不言而喻了。

所以，如果我们真的希望理解在特定的地方、特定的日期，特定数量的冰淇淋是怎样以特定的价格售出的，最好的方法不是分析这些数字，而是去这个地方，采访消费者购买这个冰淇淋的动机，以及他们的购买决定可能受到比如天气、个体环境等外部因素什么样的影响。在金融中，一如既往地，数字会被用作仪表盘上的一个拨号，但是它们不可能讲述一个完整的故事。它们记录的只是人类行为的一个特定结果，但这个结果是怎样发生的、为什么会发生，对此它们并不提供可以帮助理解的信息。

所以这就是为什么当看起来理解金融成为显而易见的事时，你需要先理解人类行为，金融界始终坚持金融"全部都是关于数字的"，并且可以通过数学方法彻底理解。部分原因，也许是，因为如此多的金融界人士开始时都是数学家，他们发现自己难以站在数字框架之外看待事情。部分原因，也许还因为许多金融界人士都是 A 型人格，他们发现自己很难处理不确定性。不过肯定还有一部分原因在于如此多的金融界人士羞于承认他们这些年来，一直在浪费时间，把自己的研究建立在马柯维茨的世界观的基础之上，就像许多顽固不化的社会主义者在苏联解体时，发现自己难以承认他们一直以来都被当作斯大林所说的"有用的白痴"一样（译者注：大多说法认为，"有用的白痴"是列宁在评价西方左翼时使用的短语，此处称该短语为斯大林所说，疑为作者笔误）。

　　所有这些都是一系列连锁的错觉。金融是一门科学，因此它必须与可以通过估量或计算得到的事情相关。为了做到这些，我们需要金融数据。我们需要考虑风险，但是由于我们定义自己方法的方式，我们需要能够通过估量或计算什么东西以达到目的。因此我们对提出"什么是风险"这种问题并不在意，因为这不可能被接受。让我们找一个我们可以估量并计算的东西吧，然后我们把它采纳为"风险"。如果有人向这种方法发起挑战，我们也有办法对付他们，只要坚持说，这就是他们必须要接受的"风险"的定义，不管它有多大程度上是人为规定的。如果这还是不奏效，我们就派遣出我们的机器人杀手。

　　你或许会发现上一段非常荒谬，当然也的确如此，但这是真的。这真的是金融界采取的方法，而最荒唐的是之前竟然从来没有人向他们发起过挑战。

　　当然事实有很大差异。金融根本就不是一门科学，如果接受波普尔的检验的说法，它绝对不是科学。它的规则既不普遍适用，也不具备预测性，并且它们都是不可证伪的。进一步讲，如果那些"金融是科学"观点的拥簇真的相信它是一门科学，那么当一个假说被证明错误的时候，他们无疑会像对待一门科学一样对待金融，拒绝错误的假说，采纳新的假说并进行检验。然而事实上他们选择了保留这些假说，并且试图用一些扭曲了现实使其与他们的理论相符的假设来支撑这些假说，就像创世论者拒绝接受进化论的化石证据一样。

　　可能正是因为他们维护过时的信仰，拒绝容忍任何知识方法的偏差，使得金融甚至不能被划分为伪科学，而成为波普尔所说的教条性思维。

　　这种方法失败的核心在于没能认识他们在研究的究竟是什么。记住冯·米塞斯在他的《人类行为的基础》中说的话：①

---

① 路德维希·冯·米塞斯：《经济学的最后基础》，凡诺兰德，纽约，1962（Kindle 版本）。

人类行为的范围中，任何因素之间并不存在恒定的关系。因此衡量与量化都是不可能的。……人类行为的科学可以模仿自然科学的技术，他们被这个想法欺骗，作者们的主机迫不及待地对经济学进行量化……他们尝试计算出所有种类的数据之间的算术关系，从而确定他们所称的，与自然科学类比进行类比之后的，相关性与函数表达式。他们没有意识到，在人类行为领域，数据永远都是历史，并且他们所谓的"相关性"和"函数表达式"描述的只不过是特定的时间发生的事情……就像特定数量的人的行为的结果一样。作为经济分析的方法，计量经济学只是玩弄数字的幼稚游戏，它无益于阐明经济现实中的问题。

所以如果我们真的想要理解金融，我们需要研究的是心理学，而非金融，但那些不是每个孔都渗出数学公式的文章在金融期刊上并没有一席之地。如果我们想要理解金融，我们需要理解的不仅是发生了什么，还包括怎样发生的、为什么发生。不过，就像"深思想"一样，诺贝尔经济学奖从来没有颁给过定性估计，而只为定量计算存在。

这迫使金融研究进入一个狭隘的、数理的道路，而这是悲剧的，因为一旦金融界开始审视金融是什么，他们就会迅速发现金融是一个远比线性规划和联立方程更丰富也更值得从事的研究领域。虽然这是一个非常不同的领域，但我们都有一个非常典型的人类的性格特征，那就是都把变化视为一个潜在的威胁。诱惑一定会牢牢盯着金融界的围墙，并且把墙外所有的事情都看成外国领土。

然而金融界现在处于被包围的形势。就在传统金融的捍卫者控制的范围之外的一些孤立点，小规模的破坏分子已经安营扎寨，开始逐渐破坏金融界的壁垒，他们提议的正是之前简述过的，也就是说，如果你想理解金融，你应该去研究行为和决策制定，而不是数学和金融数据。

如果金融真的是关于数字的科学，这些破坏分子的努力是注定徒劳的，但如果事实恰恰相反，一系列金融数据除了记录下人类活动之外什么都不是，它本身没有任何内在价值，那么或早或晚它们会盛行，然后那些固若金汤的防御工事便会出现缺口。

他们现在正朝着墙的方向运送的地雷叫作行为金融。虽然它已经存在很长时间了（其中一篇开创性的文章出版于 1979 年），但在金融界的数学居民之中，它流行起来比较缓慢。那篇论文的作者之一，丹尼尔·卡尼曼，因为"将心理学的研究成果引入经济科学领域"获得了 2002 年的诺贝尔经济学奖。注意词语"科学"，这表明在诺贝尔奖组委会的眼中，经济学和金融仍然是普遍适用的规则和量化分析的阵营中坚挺的一员。金融界或许受到了攻击，但它正在进行一场非常有效的后卫行动。

金融作为一个研究领域，可以直接解决那些能够通过数学计算得到答案的问题，并且这必定需要使用历史数据指导未来的结果，这种观点仍然存在。不过令人倍感欣慰的是，越来越多的投资从业者对他们工作中遇到的不确定性的程度理解得非常充分，并且对金融界试图利用人为设定的错综复杂的模型来定义金融的范围抱有很大怀疑。

金融市场并不是可以上足发条、观察结果的钟表装置。它们是，在电子交易出现之前可以毫不夸张地这么讲，热闹拥挤的人群彼此之间相互作用；源源不断的人类决策制定驱动下的源源不断的人类行为。人们不仅接收并分析金融数据，他们还是经济上的代理人，在一开始正是他们的行为创造出了数据。

有些问题如今看起来非常明显，比如情感和感知必须遵循这个过程运行。实际上有些人相信事情甚至更为复杂，因为情感会影响我们感知事物的方式。让我们更详细地探讨下这方面的内容吧！

第14章

你知道的，它全在你的意识里

上了一定年纪的读者可能会意识到本章的题目是傻瓜秀中的一句台词①，通常由 Harry Secombe 扮演的 Neddy Seagoon 讲出。它巧妙地概述了许多金融从业者从每日投资活动中意识到的问题，如第 13 章说明的那样，投资决策的制定是一种人类行为，感性和理性通常会同时起作用。

在我们深入讨论这个问题之前，我们先对这个题目进行几点说明。我们先分别讨论一下感性和理性，并且我们这样做是十分必要的，因为从传统经济学的角度思考，这两者是存在本质上的区别的。感性关乎理性投资者的行为方式，而理性则是一种主观的方法，它不仅涉及任何给定资产的质量，也包含与这种资产相关的投资者可感知的质量。

然而，很难说明认知程度会如何受到思维情感状态的影响。本章我们将考察这种被称为"认知偏差"的东西。有明确的证据，甚至是更广泛的共识表明认知偏差会影响我们决策的方式。但是我们并不确切地知道它作用的方式是只通过简单的启发式（我们的决策系统），还是一种更为微妙的方式来影响我们对外部世界和环境的感知，有些人认为认知偏差它本身就是一种启发式。

在思维的情感状态下，在对外部事物的理解和自身的信念系统之间通常存在着一种更为复杂的关系。信念和理解之间存在一种矛盾关系，我们通常试图让自己对事物的理解或者至少是对发生事物的感受符合我们自己的信念系统，通常这是我们所说的"拒绝接受现实"的一种表现，只有当我们自身理解和现实中间的差距达到一定程度时，我们才迫不得已地改变我们自己的信念，这是一个痛苦的过程，通常引发像悲痛、难过或者愤怒这样的情感。事实上，人们厌恶或者一直回避这种痛苦的过程，如果持续的时间过长，将会导致一定程度上的精神问题。

对我们而言并不一定要探索这其中复杂的关系，但我们确实需要对它们保持警惕。相应地，我们需要通过对它们本质和相关影响的了解来

---

① 傻瓜秀是英国一部电台秀，起始于 1951 年，1960 年停播。

应对这种认知障碍，但这其中我们并不需要去深刻挖掘这种认知障碍是如何产生作用的。

在我们着手讨论本章标题之前，我们需要做的是将"精神"从"大脑"中区分出来。后者是人体的一部分，它作用和处理我们思维和感觉的物理过程，而精神是一种我们情感和对事物想象力的混合物。因此，"在精神上"这种表达隐含了一种幻觉上的信仰，可能是由不基于任何精确的理性或感性思考而产生的强烈情感驱使。对理性投资者有着强烈信仰的金融世界可能会认为金融完全是大脑的作用，相当于一种进行数学分析的人形电脑来实现某种正确且合适的突破，然后进行人体演绎。其他人认为这种观点并不符合现实中金融运作的过程，并且许多被演绎了的金融决策很大程度上都是依靠精神来实现的。

认知偏差看似需要理性思考这样的正常路径，一定的阻碍将使得行为决策远离自然结果。现在我们仍然处在理解认知偏差如何发生的初级阶段，因为心理学是一种社会科学（波普尔术语里我们称为"伪科学"），我们目前能做到最好的是去观察个人行为并试图从中找到普遍规律；真实的科学过程是需要对普遍性的重复试验，这样才不会存在伪命题。

让我们稍加谨慎地陈述我们如何通过普遍接受的公理来提高对认知偏差的理解。认知偏差不依赖对那些智障人群产生的影响，相反，很多能做此决策的人都是高智商的人，他们普遍接受过高等教育。因此，从某种程度上讲，对这种产生于认知偏差里的情感拉扯能够颠覆有可能成为完全逻辑上讨论的假设是不无道理的。

认知偏差在群体中的影响将大幅度增强，并且通常在群体中是具有传染力的，尤其该群体中首先受到感染的是那些长者。因此我们有理由认为在群体或组织间，对这种认知偏差影响的研究比对个体的研究要困难得多。

当一个群体是自然分级的（现实中大部分群体表现如此），这种认知偏差将得到一种普遍存在的盲目服从他人要求的自然趋势的助长。20世纪60年代，耶鲁的斯坦利·米尔格雷姆通过一项实验证明了这一观点，实验中一部分人被权力机构要求向另一部分人实行致命的电击，这一项实验颇有争议，因为它质疑法院拒绝接受那些被指控纳粹提出的"我只是服从命令"辩解的做法。但令人难过的是，米尔格雷姆为学术言论自由里那些已经建立起来的象征性口头言论付出了代价，并且这种代价一直持续到他将来的职业生涯中。

虽然在之后的时间里很多人批判了米尔格雷姆的方法论以及他为在大屠杀事件中罪孽深重的犯人所付出的努力，但他的试验仍然表玥（尽管不是证实）无论外界环境如何，遵从指令的趋势在群体中是非常明显的。甚至仅有的那些拒绝执行电刑的犯人仍然在最后一刻请求离开房间（被撤销死刑判处）。

认知偏差被群体组织间的共同趋势进一步增大，尤其大型组织将那些敢于挑战传统观念的人视为危险分子，并试图将他们斩草除根。众所周知，或者至少被认定的是，在一个组织中，"缄默螺旋"是很快可以形成的，那在这种情况下已经达成一致的观点会越来越难以反驳。

有很多不同的因素共同造成了这种害怕"集体审议"的心理，在一个足够大的组织中，尤其有一个或两个极有影响力的人物存在时，无论一个观点多么难以置信和没有说服力，一旦它被达成共识，那么它将被人们接受，并被认定成为事实存在。

认知偏差的影响是很难被消除的，它利用了人类强烈且深层次的恐惧，尤其是人类对未知的恐惧。正如之前提到的那样，造成之前结果的原因一部分是我们将未来的不确定性等同于对未来事物的不可控制性，另一部分是我们很本能地会在对不确定性的恐惧和人的必死性之间进行转换，虽然这种必死性是所有人一生中都恐惧且完全不确定的事情，尤其在死亡时间、死因或者形式上而言。

但是如菲律宾小说家约瑟李泽尔所说的那样，很讽刺的一点是不确定往往来自于知道的太多而非知道的太少。一个人知道的越多，他就越了解他所未知的。（亚里士多德 Onassis 因将此句转化成"拥有的越多，就越了解自己所未得到的"而闻名）诺贝尔得主，著名物理学家迪克·费曼认为科学最真实的作用和目的就是去扩大未知的边界，只有当我们不了解一件事物时我们才能完全确定我们是正确的，虽然确定性只是一个等待去被反驳的假设。

　　情感上对确定性的渴望与认知偏差的总体趋势大致相同，即强化现有的信念系统，同时付出未来（未知的）代价来高估现有（已知的）价值，同时夸大和抗拒不确定性可能造成的影响，这在很大程度上解释了人类需要一定保障和确定性的原因。

　　对于认知偏差的认同和鉴别开始于 Kahneman 及他的同事 Amos Tversky。他们意识到大部分人的计算能力都是有限的，甚至连先天具有计算能力的大脑都无法在无任何工具的帮助下计算对数问题，于是他们开始寻求其他方法来了解人类是怎样在不确定的条件下作出决策的，并且做此决策的原因是什么。例如，许多人在并不了解游戏规则的情况下就开始玩靠技巧取胜的游戏——他们只是去观察玩家的游戏过程，并记录最近大转盘上鲜有出现的数字，然后在这个数字上下注。这就是为何赌场会为玩家提供便笺簿和铅笔：每一个个体都无法影响未来发生的事情。

　　当这种解释说不通时，我们人类作为一种动物必须依靠自己的直觉和本性，此时启发式教育法便可以被看成决策过程中的捷径来帮助人们进行决策。对正确答案的预感可能会代替通过一定计算得到的结果，例如我们可能会记住同之前发生事情很相似的情形，然后假设它会再次发生。或者它会涉及一种直觉上的肯定，比如在过去的两百次里某个数字没有在大转盘上出现，现在它相对于其他数字便更有可能出现。Kahneman 和 Amos Tversky 起初在这一领域的贡献是去研究为何这种方式不能产生好的决策结果，并且这其中是如何作用的。

起初并没有明显的理由来解释为何直觉和好的决策结果是背道而驰的。例如在体育运动中，我们通常看到一个运动员通过成功预测到对手的行为来赢得比赛，或者选择正确的队友来完成传球，因此一定存在一些与金融活动相关的因素来导致了认知偏差的产生和消失。我们并不知道这个问题的答案，或许我们永远不会知道。事实上可能有相同或者类似的偏差在其他方面起作用，尽管它们的作用方式有轻微的区别。例如，在美国内战中，战争双方（尤其是联邦军）一致高估了本方的军事实力，从而错误估计战争中需求的军事力量。

然而在金融领域我们只是大致知道这些偏差是什么，以及它们是如何改变我们的决策过程的。事实上，目前有很多不同的偏差都得到了证实。这些偏差可以分成以下三类：（1）影响我们行为决策和信念系统的偏差，有时被称作"行为"偏差；（2）影响我们处理我们与周围人关系的偏差，有时被称为"社会"或者"归因"偏差；（3）影响正常记忆功能的偏差，被称作"记忆"偏差。

行为偏差包括那些依赖已知而非未知事物的趋势，即不管其他人的质疑或者自身的无知，都会更依赖那些支持自己直觉的数据，并且越容易相信的事情就越经常被重复和听到。

归因偏差包括你想听到演讲者表达你想要被表达的内容，而不是演讲者真实传递的信息，它导致你把说话人的实际含义或专业含义理解成你对他们所说的内容的既定认知。并且相比去听那些有经验和技能的局外人的建议，这些人更容易认同自己组织内成员的发言或观点。

记忆偏差部分与一些生理现象有关，比如越近期发生的事情越容易被记住，以及生命的某一特殊时间段（尤其是青春期）或发生特殊事情的时间段容易被人记住。其他则更多地与感知甚至是错误的记忆有关，像人们容易记住自己的权利却忘记自己应负的责任，以及将过去的记忆融合在自己现在的信念里。

这样我们能否可以说如果以上现象都出现在投资决策中，则将不存在我们所说的理性投资者？尽管投资者想要变得理性，并认为他们过去一直理性，但是认知偏差让这变得不再可能。

任何对于认知偏差的综合研究都需要一整本书这样的规模，但是我们现在至少可以了解其中相对重要的那部分，因为单独考虑其中的每一部分是不可能的。接下来的讨论有时可能会模糊几种认知偏差之间的界限，然后同时分析两种或三种认知偏差，望读者见谅。

越常见的部分就越重要。因此接下来要讨论那些我个人认为可能会扭曲投资决策过程的认知偏差，并且它们都是极其常见的。

确认偏差

人们容易强烈依赖支持你投资目标的数据，同时忽略或低估其他方面的数据，从某种程度上而言，这是一种行为偏差，但也包括一定程度的记忆偏差，因为它可能让你不去记忆那些可能对现在投资目标产生负面影响的过去。比如我们不难发现会议记录上记载的那些潜在的困难或不利条件在未来是很容易被无任何理由地忽视和忘记的。避免这种情况发生的最好方法是有一双睿智的眼睛，眼睛的所有者在这之前并没有参与决策过程，并在最终结果出现之前一直保持着严格且独立的观点，这种明显忽视无效信息的行为有时被称作鸵鸟效应。

确认偏差的另一个趋势可能是不完全检测或确认现存的假设和叙述，同时强烈反对那些与未来行动过程相左的部分。再次说明，此处提及的审核过程可以表明在不同的关键点上一个人的言论可能会被无条件接受，尽管事实上我们有充足的机会来应第三方的要求尽职调查这其中的对错。很有可能此类问题将会对未来的投资过程产生负面影响，但是这种确认偏差阻止了由于害怕动摇现存信念，即认为现在所做即为正确之事，而产生的盲目追寻。

当然，许多偏差之间都存在着关联，因为它们都受到同样的心理因素驱动。如果确认偏差像它平时经常表现的那样——与集体审议和缄默螺旋共同作用时，它可能会产生极大的负面影响。一个相当大的组织中，相对年轻的群体几乎不愿意通过建议一项无效议题或反驳一个积极决策来动摇这个组织的决定。一些投资组织意识到这点，它们便任命了一个特殊的"恶魔提议人"来在每一个假设上提出质疑，但即便如此，却也并不能起到很大效果，下面讲述的错误共识可能会解释上述结果。

双曲贴现

我们已经在本书的前几章讲述了不同时点上货币的时间价值，因此像内部收益率（IRR）这样的复合收益率，都应该比期收益率更加有价值，其中无论期收益率属于年回报率还是其他种类。

双曲贴现是指在对未来现金流折现时，一种试图避开可能会出现的科学（更确切地说是数学）技巧，然后本能地让货币现值替代其未来价值的趋势。现在最有效的贴现方式是不使用目前折现率，像公司的加权平均资本成本或通胀等其他形式，而是使用一种更高的投机折现率。

换句话说，相比未来很远的时间点发生的事，一个人会更看重近期即将发生的事。当投资者从一个很广的角度来考虑具有长久未来现金流的投资资产，如债券、房地产、私人股权基金和基础设施工程等这种非常具有代表性的资产时，他很容易遭受损失。

假设理性投资者确实存在，那么他必须具备的一项能力就是可以了解货币的时间价值。但其他例子表明，这种假设在现实生活中并不成立。

或许对于不确定性的强烈恐惧导致了这样的结果。当投资者十分具有远见，能够对投资保持长远的眼光以便应对其负债的长期性时，双曲贴现将变得尤为重要。人们对不确定性有着并不正确的理解，实际上，投资者需要这种不确定性的存在，即便态度上不欢迎它，但至少也应该将其认定为未来发展中不可避免的一个方面，然后接受它。

现状偏见

像我们憎恨不确定性一样，我们也讨厌变化。这些心理因素是明显相关的。如果没有变化，未来将变成已知，如果发生变化，即意味着不确定性的存在，我们所知的便是在投资和项目上事实很少与我们想象得一模一样。

通常在决策过程中，投资者越年轻，投资群体人越少现状偏见就越难产生阻碍作用。投资群体越大越官僚化，或者各部门之间联系越紧密，这种作用越小。尤其在日本经理人之间，当将房屋传给继承人时，虽然没有明文规定房屋里的一切需要和两年前保持得一模一样，但这种共识却得到普遍的认同。

在投资上，当我们遭受损失时我们已经来不及去解雇那些做得不好的基金经理人，并且极度不情愿去对新的资产进行有效配置，虽然对于投资组织而言的新资产在外部环境的作用下并非如此。挪威的政府养老基金，也就是为人所知的石油基金，在 2013 年末宣布准备进行私募投资，但没有说明的是为什么这一举措是在 2013 年末实行，而非可以成为更优质投资的早些时候。

毫无疑问，现状偏见让投资组织具有更大的规模，增加其附属机构、咨询和外部评审的数量。如果投资者惧怕变化，那么再怎样减缓投资决策也都是无用功。投资者很难将一个花费 18 个月完成的投资决策视为一件好事。

损失规避/禀赋效应

让一屋子人为每一件拍卖品定价，最高价者赢得竞拍；同时让这些人写出如果拍卖品为自己所有，他们愿意接受多少钱来出售该商品。此时你将会发现，毫无例外地，相比竞拍价格，若该竞拍品为竞拍者自己所有，那么他会对该商品定更高的价格。

上述所描述的就是禀赋效应。对于同一种物品，当我们拥有时都会定比不为我们所有时更高的价格。这就是为什么我们在卖房子或车子时会觉得我们受到了损失，但反过来当我们做买家时，我们将会出更低的价格来购买。

在公开市场上，我们因为觉得市场低估了该种商品的价格而不愿意出售自有商品。这种心理经常出现在私人交易中企业所有者，尤其是企业创始人的心理，或者世代相传房屋的拥有者也不愿意以某一价格售出房屋，即使这一价格是通过精确的数学方法算出，且看似"非常合理"。在这种情况下，卖家更容易接受之前的价格，即便这种价格可能是完全脱离市场标准的（确认偏差的另一例证）。

与禀赋效应相关的是损失规避。这都意味着对于同样金额的收益和损失，我们对后者更敏感。这很容易得到验证。告诉一屋子人他们遭受了 10% 的损失，为了弥补这 10% 损失需要多少收益，大多数人会说20% 或者 30%。

投资上遭受损失是一个令人悲痛的过程，尤其发生在一个人的事业初始阶段，因为它会对这个人的职业生涯前景产生巨大的负面影响。在很多情况下这是不公平的，因为你的指令可能会被限制在一个特定的市场里，这个市场的环境可能遭受了对于你自己的资产组合而言更大的损失，这样实际上你的指令将好于市场整体状况。相似的你可能有几次这样的好状况和一次不好的状况，但投资者并不这样想。

在投资行为上产生了明显的实际效应，即让投资者和投资经理变成了风险规避者，这将导致奇怪的投资行为，并且这种行为一定是不理性的，比如像选择一个不会为投资者带来目标收益，同样也不会为其带来巨大损失（如果过去数据可信）的投资产品。选择一个不能达到目标收益的投资组合也几乎不可能让你遭受巨大损失，投资者试图降低投资风险（对于未来遭受损失的风险），但实际上却恰恰增大了风险（对于不能偿付未来负债时的风险）。毋庸置疑，金融世界是另一个数理世界，存在着看似证明了一种错误方法的风险价值法（VaR），至少如果你相信正态分布的陈词滥调，过去是未来的风向标，期收益率是有效的监测方法等命题。

另一个容易发现的盲点是沉没成本。这个成本在投资或项目中已经发生，但由于发生在过去，则被看成一项事实，即已经发生的是不能被改变的。因此可以理解当投资者考虑是否要继续进行某项投资时，他是完全忽视沉没成本的。在评估一个项目的可实施性时，需要考虑的是该项目可能带来的未来现金流，而非那些过去发生的事实。但是在实践中如果发现沉没成本的存在，投资者的心态将变成"我们已经投入了 X，我们现在终结投资是不明智的"。更令人惊讶的是，甚至当沉没成本的概念被专业解释过后，大多数人仍旧很难改变他们的观点。

可能因为沉没成本对很多心理因素产生影响才使这个问题变得严重。这些心理因素首先包括损失规避，终止一项工程现在可能意味着将沉没成本看成一项具体的损失，然而继续该工程则意味着至少会有机会将这种损失推迟到未来的某一天。

第二个因素是集体审议。如果某一个项目的决议期初是由某人或某一群人共同达成，那么他们很快会接受可以持续该决议的任何条件（确认偏差）。这也包括另一种相关的偏差叫做非理性增资，即虽然有很明显的证据表明现有的投资决策是错误的，投资者也很易于对这种表现不好的投资增加投资额。

　　第三个因素是人类思维不能充分了解时间的影响，即在对未来展望时，不能清晰地看到我们是处在时间流上某一特定时间点的。

货币幻觉

　　大多数投资者容易忽视他们计划过程中的通胀影响。如果被指责出来，投资者会辩解说未来的通胀率很难被预测。在现实中，一个更可能的解释是如果没有忽视通胀，那么投资者，尤其是那些于政府基金相关的投资者未能在税收和费用上考虑通胀的事实将会被众人所知。问题是，即便计算通胀的方法再精确，如零售价格指数（RPI），也不能很好地代替某些投资中真实的通胀水平，尤其对于那些私人银行和家庭理财室的委托人，真实的利率可能是零售价格指数的两倍。甚至零售价格指数也被政府部门降级为消费者价格指数（CPI）。消费者价格指数忽视了房屋的成本，它将房屋假设为可选的奢侈品，如果我们愿意，那么都可以选择住在铁路的拱桥下。顺便提一下，记住这些首字母缩略词的简单方法可能是通胀的真实价格和公务员伪通胀（Civil Servant Pretend Inflation）。

　　这比数据更具有说服力。事实上有一种认知偏差叫货币幻觉描述了相比起名目条款，人们更难看到货币的价值。作者需要相当多的个人经验才能坚持说人们只有接受了10美元的账单才会有反应，否则其他形式的都是纸上谈兵。人类大脑不愿意承认通胀影响的存在与很难区分现值和未来值是紧密相关的。

过度自信效应

我们发现很难通过某种天分来评估某种可能性的大小。尤其是一旦我们做出某个决定，我们就会高估成功的可能性。很多例子我们不一一举出，有一项美国课题的调研项目让被调查者拼写一些困难的单词，然后询问他们自己拼写正确的比率，大多数人回答是99%，但实际上只有40%的人正确。

与记忆偏差可能相关的一项叫做选择支持性偏差，它让我们记住我们决定去做的事是更具吸引力的，不管真实的结果如何。当我们已经看到确认偏差时，我们将会无意识地认为相比其他选择，我们选择的一方具有更低的不确定性。

不幸的是，在看重确定性的金融世界里，95%的自信间隔直接与这种趋势有关。我们恐惧不确定性，因此我们想要相信我们所面对的事物，其未来变化的方向是可以胜出的那一部分所决定的。任何可以捍卫这种观点的金融理论，如金融世界里的均值方差分析都会受到欢迎，这也可能是某些理论不受欢迎的原因之一。金融世界里，像其他任何宗教，需要内心深处的情感需求，也正因为如此，人民才乐意接受这其中的伪科学。

现在还有很多我们需要了解的认知偏差。其中令人惊讶的一种是由政治家无情地揭示出来的，叫做效用层叠，它使我们接受实际上并不正确的事情，并将其作为真理不断重复使用。这可能与人们太愿意相信过去收益的变化也是一种风险的观念有关，这种偏差从1952年开始得到广泛的承认，即使明显意义上来看不是这样。

如刚才提到的那样，现实生活中还是存在很多的偏差。但即便我们只了解了其中的一小部分，我们还是可以看出在投资决策过程中，理性投资人是几乎不可能存在的。投资数据是投资决策过程的一种合并的结果，投资决策过程又是人类行为的一种表现，人类行为会严重受到情感的影响，当情感和逻辑思维产生较量时通常情感会获胜，或者逻辑思维发生极度扭曲。正如很多研究表明的那样，这才是人类决策过程中的最真实存在的，也是涉及金融领域的投资决策时所真实存在的。

再次声明，上述所说的跟聪明和愚钝无关。智者可能认为他们的逻辑思维比平均人的高，但他们同样也会像普通人那样强烈地感受到情感的存在，这些情感包括欲望、嫉妒和悲痛。

金融世界将投资人看成一种理性的存在，这种理性将金融数据看成是一种真实状态的表达，这种数据似乎是表达了科学研究的一项成果，如某种液体的沸点那样。在这种真理的基础上，投资者通过使用近乎完美的数学方法得到更多的"真理"。因为认为它是真理，理性投资者就会毫不怀疑地接受它，然后将它作为现在和未来投资决策的指导，任何可能威胁到现有投资决策结果的因素都会毫无例外地被消除。

可悲的是，对于金融世界的领袖，人们开始意识到地球是围绕太阳在转。事实上，可能通过一定的验证之后，不止一种金融世界的方法是有效的。尤其正如我们所见，投资者是不理性的。金融数据从本质上而言也是没有固有的真理在其中的，数据只是代表了冯·米塞斯所说的人类行为，也就是显示在某种情况下，像步入火车站台时有多少人会选择向左而不是向右转。

金融决策已经显示出会受到情感，尤其是认知偏差的强烈影响，这种认知偏差会在我们毫不知情的情况下对我们的思维产生作用，与此同时我们根本不了解这其中的作用机制。因为他们激发了一些根深蒂固在我们思维里的情感，像我们对不确定性的恐惧、与他人产生联系的需求、对我们自身信仰和决定的肯定以及最讽刺的对理性行为的渴望，所以他们具有很强大的影响力。

在埃默里大学（译者注：原文为 Amory University，美国没有此大学，故看成 Emory University）心理学专家德鲁·韦斯滕《政治心理学前沿译丛：政治头脑》[①] 一书中提到选民很容易从他们不支持一方的政治家演讲中看出端倪，但是当听到的是自己支持方的演讲时，情况就不一样了。他总结道 60% 的人口是不会受到此数据的任何影响的。

如果我们相信，像冯·米塞斯所说的那样，投资决策是人类行为的一部分，也受到凯恩斯所说的"动物精神"的影响，这种情感将会胜过事物本身具有的原因，对于这个观点逻辑上的论断是事实上，所有的金融理论都是不相关的。倘若我们正在研究的是人类行为，然后它是否确实增加了我们对人类行为的理解，从而使用一种欺骗的方式将这种行为推向未来？如果我们确实想要去了解投资者如何在未来决策（即使这种"理论"是不可能的），那么是否更加有意义去试图理解那些投资者不做的选择？为什么？

当然以上问题让金融世界里一些非常令人恐惧的事情发生：金融可能实际上并不是数字问题。

一个人可能不想去了解这么多。然而基本的理论必须是正确的：如果你想要了解金融，那么必须要从心理学开始，而非数学。

因此，显而易见的是非数学方面的知识对于恰当理解金融问题将变得至关重要。重要到我们将需要我们从一个全新的角度去讨论我们在本章已经提出的问题。"角度"这个词是非常恰当的，因为现在我们需要考虑的是从主观和客观两个非常不同的方面去思考金融问题。让我们不断提醒自己这一点，然后开始了解金融世界。

---

① 德鲁·韦斯滕：《政治心理学前沿译丛：政治头脑》，公共关系，纽约，2008。

第15章

人格，行为和决策

很多人都相信大脑的左边部分控制着逻辑，右边部分控制着情感和想象。那么对于不幸福的感受是左边还是右边控制的？事实上并没有很多科学依据来证实这样的观点。大脑的作用比想象中复杂，复杂到即使现在我们都不能完全地了解其中的运作机理。

虽然这个看起来很简单的观点不成立，但是此观点的作用却是鲜明管用的，例如当我们试图用理性的方式作出决策时，至少是对于一些商业或者金融问题的决策。做投资和申请贷款是两个非常好的例子。我们试图运用逻辑，首先是由古希腊认可的方法，现在是用哲学课程这样的专业课来教学的逻辑思维进行决策。艾伦图灵在"二战"期间制造出世界上第一台可编程的计算机，这台计算机是非常具有逻辑性的，现在它仍是编程语言的基础。

然而，我们试图将大脑看成一台计算机，一个非常具有逻辑性的机器来进行决策过程的看法是错误的，或者至少是不完全正确的。我们的大脑只是一个更强大的有机体的有机组成部分，这个更强大的有机体是我们人类本身。不像计算机那样，我们需要其他有机过程来存活，这些过程包括像呼吸、分泌、繁殖以及必经的过程——死亡。像动物一样，我们受到情感的支配，无论这些情感是基础的像饥饿和谨慎，还是那些稍复杂的像贪婪、恐惧、欲望和嫉妒。此外，作为人类，我们可以想象。很讽刺的一点是，想象伴随着概念性思考可以让我们变成这个星球上具有支配力量的物种。

这种讽刺性在于想象和概念性思考是两种非常不同的东西，精确代表了大脑左右部分试图表达的部分。通常可以听到"思考"和"感受"两种不同的表达，思考大于感受的人与那些相反者在处理问题时具有完全不同的方式。前者将会谨慎地使用逻辑（原因、概念性思考），然而后者会更加受到天性（情感、想象）的驱动。如果你曾经在工作申请过程中进行过心理测试，这种心理测试就是利用上述原理来进行考察的。

实际上，虽然上述是一种简单的说明，但是这种人类行为具有不同驱动力的观点在 1921 年被卡尔·荣格[1]提出，他认为这种驱动力有四种而非两种，这四种包括思考、感受、感觉和直觉。思考和感受影响我们判断力和决策力的形成，然而感觉和直觉决定我们如何通过自己的理解创造出判断力和决策力。此外，他假设人格类型是内向型和外向型的连续过程，这种假设提出了另一个层面上复杂的问题，因为四种驱动力可能对于外向型和内向型的人而言，会产生完全不同的效果。

心理分析的五大因素

虽然我提出了思考和感受（逻辑和情感）作为影响投资决策结果的最基本两大因素，但在《智慧投资》[2] 一书中我建议采用五大因素人格类型图的概念，这五大因素包括开放性、小心谨慎、外向性、一致性和神经质，这一人格图是五角星形状的。接下来的五个自然段我将分别介绍以上五大因素。

开放性并不意味着对一个人的行动进行快速的解释和阐述，也不是意味着平易近人（虽然以上两点更易于表现出来），开放性是指乐于接受新的体验。这些新的体验包括情感状态和想象力上的更新。在开放性上得分较高的人可能是具有创造力和想象力的。他们可能具有将想法变成图像的能力，而非直接使用枯燥的文本描述。他们可能会同时歪曲不同观点，并且在不同观点之间作出很随机的关联。可能这样的结果就是他们通常是不寻常的，甚至看起来有些古怪。

小心谨慎的人对秩序和细节有很大需求。整齐的桌子通常需要用同样的方式摆放，这些人很追求细节，并且通过系统的方式记录笔记。具

---

① Carl G. Jung：《心理类型》，劳特利奇出版社，伦敦，1992。
② Guy Fraser - Sampson《智慧投资》，帕尔格雷夫·麦克米伦出版社，贝辛斯托克，2013。

有这种人格特点的人是很有计划性的，他们不信任即兴创作或者概念猜测。那些在小心谨慎上得分高的人可能比在开放性上得分的人更害怕不确定性，因此他们更加看重确定的结果。

外向型和它的反面——内向型是以人际交往为基础的，并且这些人也可以从人际交往中获得不同程度上的舒适感。外向型的人更喜欢自发地开始人际交往，内向型的人则偏好深思熟虑后的交往。极度外向者不仅想要成为群体中的一部分，更想要变成群体的中心。而内向者将会站在群体的边缘，或者自己做一些事情。外向型的人是健谈的，而内向型的人更容易变成好的听众。外向型的人是好的销售员，内向型的人尤其那些在小心谨慎上得分高的内向型会成为优秀的分析员。

一致性比其他四种特点具有更广泛的定义。它有一种想要让别人感到快乐的渴望，并非常看重这一点，大致是对于人类集体利益的真实诉求，即个人利益服从于集体利益。虽然这听起来很像一种令人钦羡的品质，但是事实上从集体的角度来看，这种品质有一些负面的影响。看重一致性的人们很可能是包容的，并随时准备好屈从于集体利益。在任何问题面前，他们都将双方达成协议看成是高于一切的，不管最终达成的协议是好是坏。在投资战略过程里，迄今为止的任何一件事都清楚地表明一些强一致性的人们更容易进行工作。

那些神经质的人不像很多人认为的那样是妄想的。精神病的（Psychotic）在这里表示这种意思更为恰当一些，虽然存在一种更精确的精神病术语，它通常暗示一种与现实生活脱离关系（假设此时现实确实存在）。神经质是描述一种享受消极心理状态的人群。那些在神经质方面得分高的人更可能变得绝望或者抑郁，并且这种状态更可能是持续的。这类人有一种将问题看做难以跨越障碍，而非能够克服的挑战的趋势。他们是杞人忧天的，是投资世界的伍迪·艾伦。他们也通常在小心谨慎和内向性上得分很高，这种性格特点很难改变，最好这些人被放逐到瑞典北部的办公室，在那里他们可以在冬天格外感到宾至如归。

我们很难确切地了解这五种类型是如何精确地影响投资决策过程的。本章的目的只是去提出两个命题。命题一是不同的人格特点可能会导致相同的投资决策结果；命题二是投资决策作为一种联合性的作用过程，通常至少受到一种类型的驱动，并且大多数情况下如此。你可能会发现这些真相像杰弗逊的独立宣言那样是不证自明的，但是如果是这样的话，那么你就会直接对于金融世界产生怀疑，即金融世界的人们认为理性投资者是存在的。

从定义上来看，所有的理性投资者都是一样的，或者至少在决策过程上是遵循相同的方式。同样地，从定义上来看，理性投资者都不受情感左右。但对于金融决策过程是理性投资者主导的这种假设其现实性究竟在何处？这里的理性投资者当他们在决定采用哪种决策方案或者是否以某个价格出售或购买某一标的物时，需要将自身的情感置之度外，不受其影响。记住，金融世界需要理性投资者来形成其作用机制。如果事实上理性投资者根本不存在，那么金融世界的街上将会空无一人，整座城市将变成空城。可能当人们认识它除了是一种臆造出来的假设而并无他用时，它甚至还会在现实中消失。

对于上述结果，肯定存在一种集体意识，像完全形态，存在一种环境让众多的人类用完全相同的方式思考，并完全将情感置之度外免受其影响，从而在同一时刻得出完全相同的结论，并根据结论行动。如果所有的投资人都是理性的，那么所有的投资人都必须是一样的，至少在投资决策过程上相一致。像金融世界相信一种正确的结论，那么绝对有一个正确的投资人会得出这种正确的结论（当然，数学层面）。

金融世界否定个体，同时看重整体。在这种情况下，这种方法存在一种被歪曲的逻辑。记得金融世界只相信客观观点，承认个体将意味着考虑到主观层面，并允许某种资产从某一个个体投资人的角度来衡量，而不是通过数学的方法得到的普遍性结果。

集体主义的观点也同样抑制了创造性思维。创造性思维的产生必须要一个人足够勇敢来表达自己的意见，这几乎是不可能的，像伽利略描绘自我毁灭的草图那样，这种人只会受到嘲笑和排斥，然后他们将沉没在金融世界的大染缸里。

与此同时，集体观点否定了理解的力量。一千个读者有一千个哈姆雷特，每个人感觉的标尺不同，所感受到的东西都是不尽相同的。这发生在我们开始去考虑第 16 章的主题——情感的影响之前如果我们相信像康德和叔本华那样相信实体世界的认知呈现了一种不可能真实的知识，那么确定完全能了解每一种资产重要本质的金融世界是无法正常运作的。

但是我们已经看到了在理解像风险问题上的努力都需要我们持有一种主观的态度，像叔本华曾经提出的那样，用一种现象视野来观察。我们必须接受即使我们不可能了解资产的某种特性，但是任何一种对于物体的观点都带有作为观察者的人类自己的理解，这种理解可能进而会受到个人情感的变化而产生扭曲，从而被个体本身的渴望和生活环境影响。

时尚，我们只能试图去找到投资者（观察者）和资产（物体）之间的自然关系，像叔本华说的那样，不是物体本身的本质，至少我们绝不会知道这种本质为何。如我们在之前的章节看到的那样，这指向了一种对金融风险本质真实理解的方法。

最后，集体观点否定了情感在金融决策过程中的存在，从而否定了理性投资人这一概念。然而，不仅这种观点是武断的，它本身而言也是无效的。

这一命题的第一部分是不证自明的，并且之前已经谈及。无论我们认为在金融决策过程上如何理性地将情感置之度外，我们都是动物，都会受到情感的驱使。事实上，如我们将要探索到的那样，我们都无法做到。

第二个部分可能没那么显而易见，但是其内在的自相矛盾性在于

"情感只是个体所有"的假设，我们知道这种假设是不成立的。为何金融市场会突然利好或利空？因为集体的贪婪或者恐慌。相反，如果有投资者都认为市场是被高估的，他将采取卖出，那么同时就会有其他投资者认为之前的人收到了，然后进行购买活动。终究我们如何认为市场价格，似乎都不可能当市场外部没有任何动静的情况下，整个股票市场突然集体认为价值被高估或者低估，除非我们只是将这种价值等同于市场价格。

似乎我们有一种先天的反应让我们自己的行为与周围人保持一致。可能我们都看过被剪辑了的视频片段，电梯里的所有人都向同一个方向转九十度，然后其中的一个可怜鬼变得手无足措后也向同样的方向转了身——这是什么？可能是一种群居本能。

每一个投资人都应该读查尔斯·麦基写的《非同寻常的大众幻想与群众性癫狂》，这本书出版于1841年，通常群众性癫狂这后五个字被拿来引用。作者在本书的第一部分观察了金融泡沫，像荷兰的郁金香球茎狂热和南海泡沫。他同样提到了由之前提到的约翰·劳引发的法国密西西比公司的泡沫。后者是集体贪婪的典例，出身高贵的妇人因出现在这样的家里而显贵，并用她们的身体交换全是对新发行股票投机买卖获利的机会。很巧合的是，这一插曲同样是欧洲第二次钞票问题的源头，一个像瑞典故事的悲剧结尾一样令人悲伤的故事。

很清楚的一点是，投资人之前并没有读过这本书，或者即便他们读过，也未能从中获益，因为在此书出版后不久，巴西维多利亚铁路公司的股票泡沫便爆发，这一事实被Mackey在随后的章节充分地提过。

同样，每一所商业学校的学生都知道集体审议，这种让某一项目的讨论点越来越严格地集中在少数参量之中，那些产生质疑的观点或者被排除在外或者被解释掉，这种行为特点我们在接下来的第16章中会进一步讨论。如果因为这一原因让一些投资组织特意让一些人变成唱反调者，或者让那些之前并未参与讨论的人在讨论过程中扮演全面检查者的角色。

　　因此，如果像上述讨论的那样，情感可以在集体和个人决策过程中产生同等的作用，那么如何从投资者之间将这种影响移除？理性投资人这一概念是完全不值得考虑的。

　　在任何情况下，金融里的集体观点从多大程度上是有效的？如果我们可以接受米塞斯将金融活动看成偶合秩序的观点，这种偶合秩序只是无数个个体交易间的混合物，同时金融数据只是所有这些个体行为的集合统计记录，那么从个体角度来探求金融活动的意义是具有逻辑的吗？如果金融世界完全是由虚构的理性投资人组成，其中这些理性投资人全部用同样的方法决策，并对相同来源的金融数据进行判断，那么金融世界的观点是经得起详细审查的。但要是投资者大多是感性的而非理性的，不是对数据作出回应，而是作为数据的创造者，那上述观点还会成立吗？

　　要是金融数据并非是日常投资者行为的简单记录（在进行分析和计算之后），而是像沙滩上的老照片，现已在抽屉里泛黄，除了是对曾经家庭出行的记录之外别无他用该怎么办？人们几乎不可能通过参考过去人们如何行动来决定自己未来的行为。

　　人们更不可能将自己现有情况下的状态或不久将来的发展情况作为决策的基础。是的，这些决策都会受到其他人观点和行为的影响（像背景中不断播放的电视节目），但最终他们会从个体的角度进行决策，因此从这种决策水平上来探寻这种决策结果的可行性是很有根据的，如果这种可能性真的存在。

　　比如想象田野里的一头公牛。为了讨论我们来创设一种真实的场景，事实上有一种物质控制了这头公牛的品质，并且它是存在于田野上的。然而现在想象一下这头公牛由四个人来观察，每一个人都从一种完全不同的角度。

　　不仅他们的物理角度不同（分别看到了公牛的头、臀部和公牛的两侧），他们的情感或者反应都是不同的。假设这四个人分别是兽医、农民、屠夫和懦夫。兽医将会把公牛看成自己潜在的病人，并关注它的健康程度。农民将公牛看成种牛，它是扩大自己农场牛群数量的功臣。屠夫将公牛看成商店牛肉的来源，并从脑海里已经将公牛分解成小块牛肉。懦夫将会担心这头公牛成为潜在的攻击者，并考虑自己是否安全，农场的围栏需要建多少才能保证这种潜在的危机不会出现。

这样我们就能从视角的角度对理解这个词有很好的了解。客观的叙述是由第三方表达的，我们被告知会发生在某个人物上的事是从同样的外部角度所观察到的。集体角色叫做"他们"（主格）或"他们"（宾格），个体角色叫做"他"或"她"。主观的叙述事实上是一种真相的缩小，这种缩小是由叙述者造成的。如果叙述者是第一人称，则叫做"我"。

这种区别出现在很多重要的问题上。首先，客观的观点是缺乏感情或者知觉扭曲的，即对于"客观"这个词的其他意思，就是声称去表述世界的本原，或者当事情发生时完全从事实的角度来表述一件事。这里请关注"声称"这个词，从客观的角度来看，最好的宣传工作事实上却是带有偏见的。

即使人们隐去了隐含意思和自己的偏见，在叙述的过程中也可能是通过口头的方式扭曲了食物的本质。比如，卡内曼和特维尔斯基指出在陈述事实时加上了规定的理由将更加可能让人们去相信它。诺姆·乔姆斯基表示改变叙述的语序可以改变强调的部分，这样可以改变我们通过这种表述所产生的理解。这一表述的专有名词叫做句首法。比如，如果我们描述了一位肥胖的、金发碧眼的女人，听者很容易记住这个女人的肥胖；但是如果我们先说了金发碧眼，后说她的肥胖，那听者将更容易记住金发碧眼。

从主观的角度来叙述一件事情就意味着掺杂了很多叙述者的理解、

价值观、情感和现有知识储备。德雷尔·L. 在《亚历山大四重奏》①
中运用了这一点，前三本从三个人的角度描述了同一件故事。但即使这
样这一观点还是经常受到忽视。这可能是因为文学批判所说的怀疑搁
置，一种读书时将主观因素移除，完全欣赏作品本身的本能欲望，这就
是叙述的力量，每一个有经验的演讲者都清楚的一件事。给一些人讲述
一些事实，这些人只是简单记录，在他们的记忆里不留痕迹。给这些人
讲一个故事，不仅听众的记忆共鸣是非常有帮助的，听众也会更容易将
这个故事当成事实。这可能是因为另一种人类的本能，就是当看到一个
跟自己有关的事实时，很容易将自己编进这个故事，这种趋势有时被叫
做叙事谬误。

当涉及金融问题时，主观和客观角度还是存在明显和基本的区别
的，其中的一些区别我们已经进行了讨论。客观的观点是只看到一项资
产，从一种抽象的理性投资人的角度。它将资产的风险看成资产的自有
属性，是存在于资产内部的，这样对于每一个而言这种风险都是存在
的，且相同。但是主观是将资产从不同投资者的角度进行观察，将资产
的风险看成资产和个体投资者之间的关系。因此，在特定的情况下每一
个人个体投资者不同，这样他们需要的资产项目不同，风险也随之不
同。债券对于短期投资者来说是一种低风险产品，短期投资者通常需要
及时的不可预知的方式获得现金，但是对于长期投资者来说债券将是一
种高风险的产品，因为长期投资者十分需要资本增值。

上述讨论到的对于风险的不同视角是被广泛接受的。它将资产看成
一种工具而非物本身，承认它对于任何投资者的认知价值是由投资者想
要实现的目的，以及这种工具在投资过程中所产生作用大小来决定的。
如果投资者想要切面包，那么面包刀将被看成一件有价值的工具，但是
如果投资者想要去砍倒一棵树，面包刀可能就不会起到太大用途了。现
实中情况往往更加复杂，投资者需要在投资决策过程中将很多不同的目

---

① 德雷尔·L.：《亚历山大四重奏》，费伯出版社，伦敦，1962。

的考虑在内，有些目的通常是前后矛盾的，在此之后选择不同的资产和资产类型来实现自己的投资目标。因此可能更好的类比方式可能是高尔夫球手决定到底要将自己的高尔夫球袋寄存在哪一家俱乐部比较好。这种选择部分由高尔夫球场的自然条件决定，部分受到高尔夫球手自身因素影响。

当然，主观的观点排除了数学方法，至少那种简单地把波动性等同于风险的方法。如果风险事实上起到了连接资产和投资者的作用，那么任何数学方法都不得不建立一个相当复杂的模型，来将不同问题和投资者对于不同影响因素的权重包含在内。这个模型几乎是不可能被建立出来的，因为对于不同投资者而言权重不同，那么这种权重只能是基于某一种主观因素，从而使得这个模型远离客观。可能正是由于此原因这种主观的方法才被金融世界坚决地排除在外。如果你相信一些事物的真实性，那么这种真实性才会存在，但是这种真实性必须能够接受得了客观认定。

事实上主观和客观观点的区别不仅增进了我们对风险的了解，也增加了我们对整个金融世界的了解，或者至少提供了一些接近金融世界的方法。正如我们在前几章看到的那样，现存的金融世界的教学和研究方法是无效的，因为它将金融世界看成（1）科学（真正意义上的）和（2）数学，而非一种接受得了任何推敲仍然正确的真理。因此我们很有必要去探寻一种研究金融的新方法，也就是我们所说的新金融。

确实我们会在接下来的章节里讨论这种新金融建立所需要的条件，但首先让我们稍微关注一下时间和价值的概念。

第16章

历史的天使

我们已经将时间认定为金融世界的支柱，或者至少是其他三大支柱——回报、风险和价值——产生作用的中介。以下可能是一种更好的观点：时间在其他三大支柱上作用，使得它们三者变成可能或互相相关，同时影响它们的最终效果。

很清楚的一点是，时间必须和风险相关，在所有不可预知的行为和外部环境下，如果所有的结果同时出现在一个时点而非未来某一阶段，那么结果将不存在不确定性。

同样，时间与回报相关，从传统金融和其他的角度而言都如此。在金融世界里，固定收益工具（债券）的回报由一段时间的复合收益率表示，虽然人们并不了解它如何在此基础上进行计算和表达。其他资产类型的回报，最主要的是上市股票的回报，是由一个个整齐的小部分构成，每一个小部分都表示一段时间。我们已经发现这种观点是有瑕疵的，这是我们将会回答的话题，但是让我们记住除非在过去的一段时间里我们可以计算一种资产的回报，其他的时刻都是不可能的。

看似很奇怪去说时间给予了事物价值，但是确实如此。对于投资者而言，资产的主要价值在于其作为衡量未来负债的方法。记住资产实际上是一种未来的现金流入，而负债是未来的现金流出。其他类型的现金替代物，即使是完全流动资产，在没有时间的参考下在今天也是没有价值的。事实上，即使这是一种看似浅显的分析，但是"今天"这个词是一个时间点，并且我们活在瞬时电子交易世界的说法可能是非常愚蠢的。现在的"秒"可能是更恰当的一种表达，或者是哲学意义上的即时性，这种观点我们之后再做讨论。

但是我们人类看似拥有很少的即逝感知。人类是无可厚非的利己主义者，关注自己的生活范围并安详地走完自己的一生，这在过去的人类历史上一直如此。我们都知道自己最终会走向死亡，在这个时刻人类会自动陷入遗忘状态，那么未到这个时点我们已经开始对于未来感到不安，同时对未来变化的不确定性感到恐惧。这进而会导致一种像双曲线折旧的东西，它使我们比起未来更喜欢现在，同时对流动性和短期资产带有一种强烈的渴望，即使此时我们可能拥有了长期的负债。

事实上，认为人类占有了某一固定时点的观点更利于我们思考上述问题，时间流向我们，经过我们，并继续从我们身边流走。这帮助我们理解复合收益率和货币的时间价值，未来价值稳定流向我们从而变成现值，同时距离我们的时间越短，折旧的部分就越少。如果对于时间的第一种理解是人类作为公交车上的乘客，乘客观察着公交车平稳地经过每一个站点，那么第二种理解就是人类等在某一个公交车站点，看着公交车经过，然后如果不向公交车招手——可能不是他等的那一辆——公交车就只会在远去之前做短暂的停留。

可能这个最引人注目的图像是历史的天使，由法兰克福大学的哲学家瓦尔特·本雅明提出，他在1940年未能成功从法国纳粹党逃往西班牙后悲剧自杀。这位犹太人拒绝接受被遣送回德国而选择自杀。天使这个词引用于克莱的一幅画。本雅明在《历史哲学论纲》艺术的第四部分提到他自己是：

> 看起来他好像让自己跟正在盯住的什么东西保持一定的距离。他的眼睛瞪得圆圆的，嘴巴大张，他的翅膀也向两侧伸展起来。历史的天使必须看起来这样。他的脸转向过去。当我们看到一连串的事件时，他只看到一件大灾难，他在碎石上不断堆积碎石，并将它们向脚部狠狠地掷去。他想要停下来，去唤醒死者，将被撕碎的人重新拼接起来。但是风暴从天堂刮来，禁锢住了他的翅膀，强大到让他不能再合拢它们。风暴让他无力抵抗地走向未来，走向他的背面对的，无论那些碎石如何阻挡。我们所说的进步，就是这场风暴。

本雅明在法国逃亡的途中致力于本书的写作，随后这本书被成功逃往西班牙的汉娜·阿伦特保护并送至美国，汉娜·阿伦特被作品中描绘的画面感动，并随后将其引用到自己的作品里。事实上，她巧妙地变化了这一画面，将天使的形象改造成将手覆在脸上以便不用去看到人类一片混乱的景象。

这事实上正是投资者应该如何观察这个世界的相当完美的描述。我们背对过去顺着时间的洪流前进，并不能预知将会发生的事情。当事物出现在我们眼前时我们会拥有极为短暂的清晰时刻，但是一旦我们没有机会去一瞥该事物时，我们将会再次陷入迷茫。可能对此我们最应该期待的就是用真实的声音、味道、情感来感知，或者对于事物的本质上，那些隐藏的部分会像之前那样在一定条件下再次显现。

当然金融世界持有不同的观点，它关注有多少这种事情发生，每次发生之间的间隔是多久，然后假设但不预测，这种相似的情形将会毫无疑问地在未来出现，即使那些对最终结果产生影响的外部因素可能会发生改变。

历史的天使提供了一种很有意义的角度便于理解时间的影响力。人们有一种经历自己生命旅程的感受，但是通常只是感受到一些碎片式的时间在流逝，比如惊异于一个孩子以明显的方法快速成长，或者通过日记来记录一周过去的时间。但是时间并非这样运作，相反地，它缓慢并平稳地流向、经过我们，如果我们想要理解金融，那么我们必须要考虑到时间对金融支柱真正起作用的方式，而不是那种金融世界想要呈现给我们的那种特别的方式。

平均期收益率可以通过平均数和标准差计算，相关关系可以由同一时期内不用资产类型的回报进行衡量。每个人都承认这种方法是有效的，虽然包含了我们之前详细讨论过的将标准差看作风险衡量尺度的假设是具有误导性的。像平均期收益率和相关关系都是仪表盘上有用的刻度点，但是它们也带来了一些不利影响。

它们让我们忽视实际情况下时间真正作用的方式。时间并不是像超市里的肥皂盒那样整齐地摆放在架子上，时间是立体的，持续的，就像有人打开了管道里的汤；这个管道并不能被关闭。对于投资者而言，观察 12 月 31 日资产的市场价格发现它上升了 3.1％，将这一事实输进电脑，坐回位子上并等待 12 个月的时间里这一情况再次发生，这种行为完全没有抓住要领。唯一有价值的时间是持有资产的时间，从一年的中间开始在年末结束的投资是非常不方便的，任何时点下资产的市场价格与投资者都是不相关的，除非投资者选择（或拒绝）在此时卖出资产。

就这一点来看，关注一段时间的观点让完全理解货币时间价值变得更加困难。如我们在第 6 章看到的那样，即使用一种看似完全反映了货币时间价值的几何学方法也建立在所有时间序列都能够且应该被同等对待的假设上。当然这是很没有道理的。相比损失在先，收益在后，投资者更会选择收益在先，损失在后的情形，通过计算内部收益率（IRR）而非使用几何学方法可以让我们了解为什么投资人会这样选择。

因此可能存在一种我们并未察觉的认知偏差，我们可以称为周期性偏差，它是指我们将时间看成像年或者季度那样一系列的时间段，而非是一条持续的当前的时间流。像我们看到的那样，这一点可能看起来并不重要，但事实上并非如此。它与金融世界坚持将周期看成一种衡量回报的有效方法相匹配，虽然现实中这种观点是具有强大误导性质的，原因已经在第 7 章完全地阐述过了。

周期性偏差让人们很难撼动周期性回报在投资决策过程中的意义，同时让人们即使在意愿条件下也很难完全地理解复合收益率。甚至有经验的投资专家可以发现完全理解复合收益率是具有挑战性的，可能是从电子制表之后内部收益率和净现值（NPV）不再需要人工计算的结果，探求让现金流发生的那部分原因似乎能引发相当的困惑。

传统地将时间看成一系列时段而非持续时间流的方式存在了另一个问题，即这导致了一种假设是我们每天处理的事情包括一个现金流出（当我们购买时）和一个现金流入（当我们售出时），尽管一些资产的种类在持有期也会带来一定收入，像房地产的租赁或者股权的分红。

然而存在很多种类的投资工具，在私募市场中尤甚，私募市场里当投资者进行投资时，其自有资本有时会在几年里一直被套牢。私募、风险投资、房地产和基础设施债券，尤其那些在有限合伙结构里运行的金融工具，都是非常好的例子。同样，投资被卖出会带来现金流入，货币回到投资者手中（有限合伙结构里是不会再次将销售收入投资出去的）。

这是一个金融在时间流上被运作的典例，当天使向后穿行时，现金流入和流出出乎意料地出现在天使的脚下。通过这样的方式，这些现金流的数量和时间都是完全不确定的，也没有证据表明债券的本质，尤其在私募和风险投资里，看起来总是一些投资者和咨询者天生敌意的目标，当然这种敌意出自一种情感上对于不确定性滋生的恐惧心理。

周期性偏差的影响非常之大，以至于许多聪明人用过很多方式来创造出一种上市股票加权或混合的期回报方法，可以反映私有债券现金流的时序。即使我们将债券未被报告的现金流放在一边，以便让任何方法都不能被私人债权当作一种有效的比较器，但是整体的方法仍然是混乱的。那么为什么不去运用一种无懈可击的公开市场指示器，非要用一种虚构的方法呢？并且这种方法并不能成为衡量私人债券表现好坏的指标。

内部收益率是衡量资产表现好坏的方式。事实上，像能够带来分红收益的上市股票这样的资产，内部收益率就应该适时地反映它们表现的好坏。

像数据供应商为私人股权债券提供数据一样，使用一定的技术手段将很有可能得到丰厚的投资回报①，但是这个技术手段必须显示出基于过去一段时间里不同时点投资的内部收益率，并假设股息分红不会被再次投资。

---

① 在我之前的书《多资产类别的投资策略》中解释过。约翰威立国际出版公司奇切斯特，2006。

事实上，这种方法有效地被用来比较不同资产的收益表现。当然，虽然很多人并未意识到，但是债券已经使用了这种方法。只有上市股票处在金融世界的壁垒下，使用像现代投资组合理论来分析风险的方法而非上述技术手段。这其中部分原因是因为周期性偏差的存在，它让上市股票很难放弃之前的方法而采取新的技术手段。

事实上，比我们想象的更不了解时间。我们真是正确地了解了过去、现在和将来的区别吗？尤其是什么是现在？只要我们开始分析这些问题，很清楚的一点是这可能是相当复杂的，不同的人用不同的方式分析也如此。对于一个网上当日交易者，现在意味着交易关闭之前的当前交易日。对于一个长期投资的股票经理，股票的表现由年度计量，那此时现在便意味着一个日历年度，不管我们现在是一月还是十二月。

因此不同的人可能更容易将现在看成对于自己方便和有效的时间段。威廉·詹姆斯表示对于一个听众来说，酒吧里音乐的所有音符占据了现在的时刻，虽然说乐句里的音符比起酒吧里的音符是更好的表达方式①。其他作者引用单长音符的例子，然后仔细思考这段音符的哪一个确切的部分应该被看成现在。

这是 15 世纪的时候圣·奥古斯丁一直思考的问题。他总结道只有当下我们生活得有意义，当下才能算作是现在的存在。因此对于他而言，存在着过去（记忆）的现在，现在（视角，但也可能是其他感官知觉）的现在和将来（期望）的现在。因此对于他而言，现在持续的时间是非常短暂的，最短暂的可能是理解的一瞬间，被理解的这部分可能很快变成记忆，这就是对不久过去的事物的现在的理解。

因此哲学上可能更偏好另一种说法，叫做周期性偏差。在 1898 年出版的《经验的形而上学》② 一书中，沙德沃思·霍奇森思考现在这个词包含任何的持续期。如果"现在"这个时间点确实存在，那么对于

---

① 威廉·詹姆斯：《心理学原理》，多佛出版公司，纽约，2000。
② 沙德沃思·霍奇森：《经验的形而上学》，原版外文图书，伦敦，2013。

他而言就存在一个时刻，让理解和记忆……和其他时刻的不一致。

威廉·詹姆斯在两年后出版的书中可能会分析《心理学原理》中提出的"似是而非的现在"，虽然他将这一项荣誉给予了一个叫"E. R. Clay"的人，这可能是罗伯特·凯利的笔名，他在 1882 年出版过一本哲学书。引用此书中的一段话，詹姆斯说：

> 经历时间这件事可能一直都没有被很好地研究过。它的目标是感受现在，但是被数据[①]提到的那部分时间是一个完全不同于表示现在这个时间点两侧的过去和未来的。数据提到的现在实际上是过去的一部分——一个现在的过去——插在过去和未来之间的一段时间。让它被叫做似是而非的现在，让过去，我们认定的过去，被叫做明显的过去。对于听众而言，酒吧里歌曲的音符是存在于现在的。流行位置的变化似乎是现在禁锢于现在的证据。这些序列被终止的那一刻，那些被丈量的时间都不叫过去。[②]

威廉·詹姆斯在书中并没有明确表示他是否相信现在有任何的持续性，因为他的一些观点是自相矛盾的，但是他似乎更倾向于现在是瞬时的，未来很快地变成过去，快到我们不会觉察出来的观点。对于此存在一种常识性方法，不管情况如何，金融世界都认为现在只是一个瞬间的时刻，而不是长久的、清晰的时间段。

比如，克劳德·莫奈认为他的画作是抓住了一个瞬间，但是他的任务却是不可能实现这一目标的，因为完全地理解和表达出一个瞬时时刻是需要花一辈子的时间的。可能这就解释了为什么他一再地画相同的画面，通常是使用很多画布，然后不断变换光线来移动画架。

甚至我们现在最喜欢的计算复合收益率的方式都不能免受非议。当计算净现值和内部收益率时，我们通常喜欢将现金流放在时间的末尾。

---

① 此处提到的数据是数据的单数，作者假设这里提到的是连续时间点的一个单一时段。

② 威廉·詹姆斯：《心理学原理》，多佛出版公司，纽约，2000。

人们可以虽短时间的长度来提高精确度，但事实上我们更经常使用一个季度（三个月）来计算。如果人们相信哲学家的话，那么三个月的时间就太长了。

当然，这种驳斥是很愚蠢的。如果你想要计算净现值和内部收益率，那么数学上你必须使用时间，至少从更细节的数据将变得不可利用的角度来看，使用季度之外的时间来计算是非常不实际的。我们错误地理解现在并不代表用来将未来价值折现到现在的方法，像净现值和内部收益率法是不无效的。相反，像我们已经看到的那样，他们无疑是最好的最有效的方法。当然，哲学在金融和哲学领域起到了很大作用，但是金融远比我们想象得要更加复杂，不仅仅金融世界里的数据让我们相信这一点，还有其他很多的方面。

它同时提到了一个很多人可能感觉到不安的事实。如果未来不是明年而是现在，在我们身边一秒一秒地到来，那么我们事实上要比我们意识到的更加不确定。如果我们关注一年到下一年，或者一个季度到下一个季度发生的事，那么一天到另一天发生的将变得不足为道。

这就是风险价值法强调的日常不确定性，虽然它以我们在整本书中指出的错误假设为前提。因此，虽然我们对于不确定性产生了不理性的恐惧，但可能我们应该比我们现在更加害怕这种不确定性的存在。

我们因为不确定性而恐惧未来。凯撒说人们比起看得见的事物，更恐惧那些看不见的。我们将不确定等同于缺少控制，人们都对缺少控制的感觉有一种先天的恐惧感，未来具有不确定性，进而我们恐惧这种带有不确定性的未来。事实上，命运将会从未来事物发生的一系列可能的结果中选择哪一个将会发生。

一种更具有逻辑性的方法是拥抱未来的这种不确定性，因为现在的确定性是转瞬即逝的（并且不存在确定的结果，只存在非常有可能发生的结果），同时尽量去缩小那些可预见的不良结果发生后可能会产生的影响。

因为不确定性带来机遇和风险，明智的冒险行为不应该被看成投资者的失误，而应该是一件值得去做的事。"明智"当然需要一定的判断，需要投资者根据现有的投资目标和境况进行一系列的分析决策。很多投资者没有做到这一点，他们忽视了最明显的部分：不存在无风险利率时，先将无风险利率保持投资价值的作用搁置一旁，持有高波动性资产或自由市场资产就变成了一种强加的负担。持有金融世界认定的高风险资产对于一些投资者而言可能是明智和理性的，但是对于其他的投资者而言可能是完全相反的结果。持有那些被认为是减少投资资本价值的资产如何会成为一种"低风险"的方法呢？

对冲，尤其是明智的对冲方法也是有效的。这是一种运用可能的相反事件来降低未来投资目标可能产生损失的方法。此处"明智"是根据实用性和性价比来衡量的。比如，航空公司对冲航空燃料的成本，星巴克对冲咖啡豆的价格，许多公司对冲美元风险。令人悲伤的是，一旦是对冲未来几个月之后的事件，对冲的成本将会大大提高，非美元投资者也会同样因为可利用的对冲产品受到严重的不良影响。

那些通过筹资开展新业务来应对不确定性的人是最有价值的经济代理商。在美国，每年的风险资本投资只占 GDP 的 0.2%，而那些曾经或正在接受风险投资的公司创造了 20% 的 GDP。[①] 在欧洲，承担风险通常是不受欢迎的，并通常会让人们感到不悦以及遭受惩罚，此时这种经济乘数并不存在。

这也是时间在价值上作用的例子。如果我们同意任何投资的价值来自持有期的现金流，那么风险投资可能就是最具代表性的例子，有时在初始投资后的十年之久才会撤出。如果我们真正关心创造"价值"这件事，那么我们应该去持有像风险投资这样的长期投资产品（其他的产品可能包括林业、农业土地和二手的基础设施）——尤其我们是长期投资者，只将我们部分的组合资产投资于此类产品——但是事实上这

① 数据来源：美国风险投资协会（NVCA）。

就于凯恩斯所说的流动性偏好相矛盾，即很多投资者事实上对这种长期投资产品嗤之以鼻。

正如我们所看到的那样，"价值"充其量是一个模糊的词汇，很讽刺的是，它与那些看似让价值本质变得清晰的人，像会计和监管者所阐述的意思相混淆。比如，没有人知道如何为一个面包定价。我们如何为可口可乐公司可口可乐这个品牌定价？为了计算这一价值，我们必须知道可口可乐公司的产品上没有可口可乐或者可乐的标签后产品的价格和之前有什么区别，这就清晰地要求我们走进投机这一领域。

因此一个有效的方法可能是让"使用可口可乐或者可乐这样的品牌确实为公司带来了可观收入，并且这应该在任何的整体估值过程中被考虑在内"的这种陈述很容易成为一项值得考虑的事实。相反，会计很难在这种价值上标价。如果一件东西不能被记账（计算），那么它就是不相关的。品牌价值是绝对相关的（这一说法是正确的），因此它必须可以被计算。

这就是一个巨大的问题。这一说法是可以被论证的，因为有些首次公开募股（IPO）的公司只是由品牌价值组成，像亚马逊、谷歌和Facebook。但是一些公司的市场价值大幅波动的事实确实说明了一个问题，即根本没有人或者方法能精确计算出来这种价值究竟是多少，并且如何计算这种价值。

再次说明，金融世界将一些苛刻的、客观的观念强加在模糊的、主观的现实上。这需要我们使用一种定量的方式，而此时定性的方式却是更加准确的。

因此金融世界错误的地方不是那些最珍贵的教义信仰，而是一些基础性的方法。我们已经知道我们并不真正了解金融是什么，因此从这个角度来看，我们不知道研究这一领域需要的方法也是情有可原的。同样，改革中首当其冲的不仅仅是那些确切的方法，也包括这种教义信仰起作用的方式。

　　希望金融世界的改革可以发生在我们这一代，摒弃那些厌烦的、陈旧的、遭受怀疑的信条，讨论什么才是到达新高度和获得新理解的最好方法。在最后一章我们将会检测这是如何一步一步实现的。

第17章

一个新的方法

令人高兴的一点是，到现在我们都同意研究金融的方法事实上并不恰当，因为它是基于一些本质上就有瑕疵的观点的。因此，我们很有必要去思考什么才是一个更好的方法。比起现代组合理论里将波动性等同于风险，新金融应该是什么样子的？

如整本书一直在讨论的，接下来可能会一直存在着重复的部分。这是因为金融是一个复杂的世界，其中有很多不同的组成部分，每一个部分都彼此间相互作用。将特定问题拆分开将有助于讨论和分析，正如前几章所做的那样，但是因为许多这些相同问题在每一个部分都会出现，那么很难去避免重复，并一直枯燥地在说"正如我们已经看到的那样"……

充分了解现实

首先我们需要去讨论需要一个新方法的主要驱动力之一。很明显，金融领域的学者和一些世界投资者之间的缝隙开始显露。当理论无法服务于现实时，一些人就开始提出问题，虽然提出问题的人不多，所提的问题也并不正确。

那么，我们需要做的不是开创一些理论，并派送一些杀人机器人将现实雕刻成理想的形状并让人们适应世界，而是观察在一开始，金融的现实世界里真正发生的事，并从中推出一定的原理和准则。我们需要理解人们是如何进行金融决策的，并为何采取这样的决策的，而不是去假设他们会用一种确定的方式进行决策，而不管现实上他们是否真的这样做。

假设在我们做定义时会起到一定作用，但是当我们真正了解这种假设是什么的时候，我们就会慎重地采用这种假设了。当假设和现实发生事物矛盾时，只有傻瓜才会继续坚持这一假设，尤其这样做的唯一理由是放弃这一假设将意味着基于这些假设的理论将不再有效。可能傻瓜或者狂人会这样说。洛克将狂人描述为那些在错误的前提下建立一个无逻辑瑕疵的体系的人们。

这种愚蠢不仅忽略了假设的重点（必须与现实相符），也歪曲了学术理论。如果你想建立一项在其领域内通用的规则，那么你必须做好用一生时间反驳它的准备，并当你真正推翻它时能够为了更好地规格而放弃它。金融世界未能一直坚持这个原则，这不仅将金融贬低为一项学术要求，也让金融无法成为科学的一种形式，真正意义上来看。

正如金融世界里经常出现的那样，最可能发生的是一旦金融遵循了上述原则，那么规则将不再适用。我们需要意识到智慧的强项在于承认所有可能得到发展的准则都是基于的假设是那些在大多数情况下都会发生的，而不是那些难以预测的规则。

这没有发生的原因包括两个。第一个原因是那些研究金融领域复杂问题的人一直在接受他们认为需要去接受的东西，而不会对其正确性表示怀疑。他们就像操场上的新兵一样，不停地被打磨，并麻木地服从指挥。

第二个原因是他们强烈需要相信金融是一种科学，尤其是数学的一个分支。他们甚至觉得如果金融不是科学，那么他们的劳动都变得不再有意义。关于金融可能更应该被看成伪科学、像哲学或社会学一样的社会科学的观念似乎是令人厌恶并不能被接受的。如奥尔德斯·赫胥黎所说的科学家，普遍觉得任何不能被计算的东西都跟他们无关。

他们将对知识的渴望误解为对确定性的渴望。当然，很讽刺的是，许多人指出真正的知识必须包括承认确实存在不为我们所知的事情的，并且其中有一些我们永远都不会知道。知识和确定性是存在矛盾的。

像金融世界那样，忽略了这种事实，你将走向一条危险并错误的不归路，它让你不得不将所有你相信的事情都变成一种宗教教条，并且不仅让你，也让全世界的其他人都去相信它，违者以宗教法庭论处。

所以我们的起始点必须是承认确定性是不可能的，如果我们想要建立一项普遍的并具有预测性的规则，那么我们必须做好在它与现实相悖时放弃它的准备。

如果迄今为止的经验是可以被超越的，并且出现的频率很高，那么就需要一项不那么严格的规定，即更宽泛的指导方针来指引我们取得进步。我们之前意识到的将不会永远都正确，但是尽管如此在实践中也会非常有效。

这些指导方针必须以投资里日复一日真实发生的事件为基础，只有这样才会避免出现理论和现实之间的差距。

多学科方法

当我们思考采用何种方法论时，另一点值得我们考虑的地方是如本书已经分析的那样，像哲学和心理学这样的领域是可以创造出适用于金融领域的新的观点的。其他的领域包括语言学、经济学和历史学。因此我们需要一种多学科的方法。

这可能与现在盛行的观点相违背，现在人认为金融是一个非常复杂的学科，其他的非金融人是很难理解的。这容易变成一条自我实现的预言，即金融文章里涵盖了希腊字母、金融术语和数学公式。

因此将金融发展到其他学科领域里，就会使这种有价值的服务不仅仅对那些有数学背景，也对每一个人都可用。现在的方法具有的问题是这种概念被很人们拿来便用，而并不会受到任何质疑，也不会要求给予解释。没有人问"什么是风险"这一明显问题的事实便是一个非常好的例子。

当我们发展"金融是很大程度上关乎人类行为的问题"这一命题，如我们将要做的那样，一个多学科的方法将变得尤为重要。你不能期待一个数学家去理解心理学，这就如同你不可以期望一个心理学家去了解数学一样。

数据的角色

因为我们提到了哲学，所以在追求知识的过程中，此时此刻可能是我们清楚意识到数据在其中扮演角色的最好时间。再次说到，金融世界并未从概念上思考是什么导致了一直没有人提出"数据是什么"这个问题。人们可能会急切地反驳说这个问题是没有价值的，因为很明显，数据就是：金融结果的定量记录。

但是这只说对了一部分，并且包含了一个需要被质疑的假设。它一部分正确的原因是金融本身是人类决策作用的结果，其中的很多都是由其他市场参与者或者外界实体（政客、中央银行等）造成的，并且人类决策是人类行为的一个方面。所以如米塞斯所说的那样，金融数据确实记录了许多个体的行为。那么就意义上而言，数据真实地记录了某一时刻人们的所作所为，或者造成某种结果的行为，但是，与它暗含的假设相反，它在这之外并不存在任何本质事实。

因为数据看起来是可靠的，那么对于很多人而言，否定这个事实是非常困难的，甚至是想都不会想的。在寻找深层次含义的过程中除去语言和理解的连续层是非常关键的。可能以下例子会有帮助。

假设我们将要去丈量旧金山金门大桥的长度。假设我们的做法正确，使获得的数据真实。通过反复测量桥的长度，它将会得到一个需要考证的事实。直到我们某天得到了一个不同的数据，它排除了任何测量错误，我们才有可能去拒绝我们之前接受的那项事实。

从测量桥的长度这一个问题，我们可以理解其他类似的问题，比如一辆汽车以恒定速度需要多久才能通过一座桥，或者这样行驶的时候耗油量是多少，假设消耗率一定。所有的这些都是事实问题，让我们了解一些事情，因为我们一定会接受他们为事实，除非相反的方面出现。

金融数据却不像上述问题。这些数据记录人们在某个时间的所作所为，但是除非确定了特定的原因和影响，并显示出与已记录的数据模式高度相关，否则他们并没有呈现太多对我们有用的东西，即没有事物是已知的。因为，我们不是需要了解人们曾做过什么，而是去知道他们为什么这样做，并且在未来的时间里他们有多大可能会再次这样做或产生这种情绪。

使用这样的数据去计算未来结果出现的可能性给予了一种对虚假的确定性的满足感，但实际上，这本身最重要的一点是：虚假的。金融世界如何能够排除这种满足感仍有待观察。

金门大桥的长度不会变，除非有人从中削一块下来，或者把它推倒。存在一个可接受的确信水平，让我们在下个月或者明年再次度量桥长度的时候得出同样的结果。因为我们同样可以利用这种确信水平来计算其他桥的长度，并且来比较不同地点的不同桥的长度。

然而金融数据是处于不断变化的状态下的。金融市场很难在今日关闭时会停在一个和昨天相同的水平上。并且，数据不仅本身在变，计算它们的方式也在变。观察任何一只彭博社的股票价格，你将会看到你所观察的日期里，相同股票的波动上会出现不同的数字。

即便我们可以以此建立一种相关性，这也并不能证明什么：相关性并不是原因。可能存在未被发觉的变量（比如交易额）或者难以预测的外部因素（盈利警告，或者交易系统失灵）。对于金融世界而言，这个事实是很明显的，虽然不受欢迎。不仅金融数据本身对事实的包容性极低，从任何更加真实的事实中得出什么结论也是几乎不可能的。冯·米塞斯和凯恩斯的观点是正确的：不能通过对历史数据建立定量模型来预测未来结果，甚至是一系列未来结果。

这并不是说定量方法在金融里没有作用，当然它们是有一定作用的。每一种定量方法都代表了仪表盘上的一个刻度，但只有它们被看做一个整体，同时被投资者的个人专业、情感和境况所过滤后才会起作用。

一个刻度可能会告诉驾驶员汽车行驶的速度，但是汽车以多快的速度行驶才安全这就要靠驾驶员的主观判断，以及依靠像天气条件、可视度、路上车辆的数量和驾驶人驾驶能力这样的非量化因素。这对于波动性而言尤为正确。衡量一项投资组合只看波动性，这与驾驶汽车只看燃油量表一样不明智。

如果我们恰当地对待金融数据的本质，那么金融"不只关乎数字"这句话将变得非常清楚了，但很可惜的是很多人并没有意识到这一点，或者即使意识到，也拒绝将它看成一项事实，因此我们需要更准确地思考在新金融里我们应该如何强调数学方法的有限性。

摘下你的眼罩

从那些只能用数学方法思考的人眼中看世界不是戴闪光灯，更像是戴眼罩。你觉得你了解所有事情，但仍有很多你看不到的事情。

如果你确实认为金融数据本身带有真理性，那么你更容易通过将它们整齐地排列成有意义的规则和条目来理解它们。如果你带着这种心愿得出最终结论，那么它会让你有预测未来的可能，或者至少能够预测未来结果出现的大致范围。

所有的这些都依赖于看似完美的数据逻辑，但是这存在很多不同的问题，比如这些方法并不是经常被那些实践者感激。一开始，这是一种赌徒谬误。就是因为我们知道（或者认为我们知道）一个特定可能的结果出现不允许我们预测任何单个可能结果。就像我知道在大转盘中0不可能接连出现两次，但这并不意味着它不会发生（我知道是因为我曾经在那，我只在第一次下注）。如果你投掷六面的色子六次，让所有人去预测 4 出现的频率，很多人会在没有思考的情况下回答"一次"。

存在一种情况，数学正确计算的结果可能在实践中是荒谬的。我们以资本资产定价模型（CAPM）为例，这一模型迄今并没有受到过多的检验，但却是现代组合理论的重要组成部分。

CAPM 计算了任何一只股票（公司股份）的 β 值。β 衡量了这只股票的收益率会在多大程度上随着整个市场收益率的变化而波动（无论好坏），或者行话来说"随着它投资组合的收益率波动"。这利用了协方差值，即上述描述的那些。比整个市场波动性更大的股票 β 值更大，反之亦然。

β 为 1 的股票将会和整个市场表现一致。出于这一原因，市场的回报率通常被看成 β，即使 CAPM 使用相同的方法来表示单只股票的风险（不确定性的范围）。这对于数学家而言看似完美的自然和直接，但确迷惑了其他每一个人。

如果你不了解数学，不必担心，让我们举一个例子来看到底会发生什么。假设你是一个澳大利亚投资者，持有一个带有 30 只股票占比大致相同的投资组合（如现代组合理论推荐的那样），其中一只股票是一只叫波塞冬的矿业股票，交易额为 80 美分。一个交易日波塞冬宣布发现了一个重要的镍矿，并且镍在此时需求量非常大。那么股票的价格会大幅上升，达到 280 美元的高值。

在此刻，你会坐在那里贪婪地搓着手，波塞冬从之前你投资组合的 3.33% 的占比增加到了现在的 90%。思考一下如果之前我们计算了波塞冬的 β 值，那么在此事出现之后，什么将会发生？

因为我们能够计算波塞冬波动不同于其他股票的范围，鉴于现在波塞冬在投资组合里占据了比之前更大的比例，那么逻辑上来看现在这个不同于其他股票的程度一定是更低的。换句话说，现在这个计算的 β 值应该比之前更低。

因此金融世界可能会告诉我们这一点，至少到目前为止对于"风险"这个问题过去是被考虑的。波塞冬比起之前而言，现在是一只风险水平更低的股票。但是比起 3.33% 的占比，一个理智的投资人会将持有某只股票占比为 90% 的投资组合视为一个低风险的选择吗？当然不会。

这个问题是双重的。首先，任何的数学过程只看重被计算的部分，忽视了那些外部条件。其次，如刚才提到的那样，金融世界只能够用客观的方式看世界，因此将风险看成一项资产，在波塞冬这个例子中，风险是每一个资产固有的，并对每一位投资者相同。因为金融世界并没有发现资产的"风险"（无论这种风险是什么）都起到了连接资产和每一个投资者之间的作用，对于不同投资者而言不同情况应该被看成是不相关的。

至少，CAPM 里基础的概念是有效的，因为你正在比较投资组合里占比较大的股票之间的收益表现。如果我们将注意力转向夏普比率，那么上述说法将不再正确。

通过提示，夏普比率旨在计算资产的"风险调整"收益。当然如果你无法接受金融世界里简单的"波动等同于风险"的理论，那么夏普比率也不能说服你，但把它搁置一旁。真正的问题不在于风险的概念是什么，而在于夏普比率如何衡量风险。

夏普比率通过从资产的收益中剥离无风险收益（无论多大风险都本可以从资产中获得的收益），最后得到了超额收益，这部分是指必须要承担一定的风险后才可以得到。这部分超额收益与标准差有关，至少到目前为止，从数学的角度上来看是这样的。

如果你认为这都看起来非常容易，那是因为它本身就是非常简单的。它像一个魔术一样，你的注意力在计算超额回报和它的标准差这件事情上，但同时你会分心，并且不会注意到其他人那里产生上演的戏码，所谓的无风险收益。

记住金融世界将除去债券或债务类型工具其他资产的风险看成历史

收益的波动，从而影响对于标准差的计算，以及衡量波动性的古典方法。因此如果你运用夏普比率来计算股票，当然这只股票需要是一项股权，那么你将可能会使用一种波动性为零的股票来作为比较器。当然除非没有这种股票，那么此时你不能使用夏普比率。这是一个很棒的想法，但却是很不实际的。

然而，金融世界并没有将这种看似微不足道的部分放在眼里，到现在为止都如此，它只是用一种本身波动性不为零的东西来作为替代，从而完成计算，不管这会对整个过程的有效性产生多大影响。

因此排除零波动性的股权工具（实际上并不存在），他们会使用无风险的政府债券。但是这种无风险工具只有当将"风险"这个词完全另作他用，因为之前风险这个词是只对于股权工具才存在的。不是历史回报的波动性，这种风险是一种违约风险。当然鉴于主要国家政府的债务水平并没有这种不存在违约风险的债券，即便现在看起来这是有问题的，但是我们会再次忽视它。

因此金融世界希望抛开这种熟练手段的做法就是将一种给定的风险（波动性）与另一种完全不同类型资产的风险（违约风险）作比较，这就相当于是在苹果和橘子之间比较。

这种欺骗性的做法比我们第一眼看到的更甚。因为如果金融世界想要诚实（在我看来，并不可能），那么它将不得不将股权的波动性与债券的波动性相比较，在这里债券并不是无风险的，债券收益率事实上在多年以来都处于明显的波动中。因此金融世界里"风险调整"的方法不是不诚实，而是无可救药的迂腐和不实际。

如果我们正在创造一些投资者将会用到的数学工具，那么我们需要去了解，虽然金融世界没有做到，这些投资者的真实目的是什么。正如我们看到的那样，如果投资者没有被洗脑去对波动性和流动性产生狂热，那么他们很可能转而关注确认和实现他们自己的目标，其中最主要的至少会是在考虑了通胀和税收问题之后，将自己一段时间的目标定在符合一个给定的目标收益率上。确切地说，这就像确定一辆汽车必须是黑色和汽油驱动的，而不是去担心是否它可以装载某一数量的乘客，或者它是否能装进我们家的车库。

因此我们应该从观测回报率上进行演绎，这个观测的回报率不是我们虚构出来的"无风险利率"，而是预计的通胀率和税率，以便我们可以获得真实的超额收益，即有希望超出我们目标收益的那部分。顺便来说，如果我们可以理解这件事，那么事实上政府债券的超额收益将大大为负，那么它们的本质将会显现。它们并非无风险利率，而是一种高风险（风险是指没有达到你预期目标的可能性），此时没有寻求利益的投资者愿意持有政府债券。继续我们汽车的类比，投资组合里持有债券，就相当于汽车打开了手刹。

这同时也强调了金融世界里许多金融理论的假设是多么荒谬，我们竟然能够忽视税收的影响，或者一些情况下我们竟然假设每一个人都是以相同的税率缴税的。甚至通胀率（也通常不被人们考虑）对于每一个人竟然也是一样的。最近的一些研究表明，高净值群体会承受比 CPI 所显示的更高通胀率，事实上是它的两倍。不同的社会经济群体买不同的东西。保镖、游艇和私人飞机并不是经常出现在超市购物车里的。

关于新金融

本章事实上是关于利用之前提出的那些讨论点，我们应该怎样开展新金融模式。

似乎很清楚的一点是，金融并不"仅仅关乎数字"，因此我们需要找到一种不使用数学，或者至少不直接运用数学来探索它的方式。我们同样需要牢记住任何基于金融数据来计算的数学方法都是高度值得怀疑的，因为这个数据本身除了是人类行为的记录之外并没有任何的有效性可言。甚至那些像中央银行的基准利率一样看似可靠和真实的事情都只是人类决策的一项记录，是遵从当时的政治情况来进行定夺的。

因为我们不能完全依赖于量化的方法，那么我们需要去思考和讨论概念、情感、行为以及金融活动发生的大环境。很清楚的一点是这需要其他很多学科的参与，不只是那些到目前为止传统意义上和金融研究相关的科目。到目前为止，本书我们已经提到了来自很多领域的例子和方法，比如经济学、物理学、天文学、历史学、心理学、哲学、语言学、文学和艺术，更不必说高尚的游戏桥（如果强制每一个研究金融的人这样做，将会加强他们对风险和回报的理解）。

这样的工作需要开展在一个比起现在而言不同的智力空间里。其中最重要的改变之一就是研究的方法从客观转向主观，我们在第 18 章会具体说明。

但是另一点需要提到的是，因为它直接开始于对数学方法的摒弃，或者至少是恰当认识到了数学方法的缺陷。对于这一调查的放弃就意味着承认事物的确定性只是一种假象，就更不必说像金融这样复杂和难以预测的学科了。量化的方法可以表示一系列的金融结果，但是它实际上并不能像化学一样进行预测，因为化学可以判断出两个氧原子相互反应后会形成一个氧气。

接下来我们说金融世界的规则并不是像化学或者物理学科规则一样，正如我们之前看到的，它们既不是普遍的，也不是可预测的。因此它们不是可以拿来检验的，根据波珀所言，金融并不是一种科学。我们的目标不是去寻求令人安逸的伪造出来的确定性，而是去找到一种行为准则，其中需要包括如何在不同情况和条件下可以正常运作。

换句话说，为了能够开始我们建立新金融的进程，我们需要去承认那些对于金融世界而言最不愿意被承认的东西。我们也需要去放弃我们对一个正确答案的追寻，因为这种东西，至少在金融世界里，是根本不存在的。

第18章

新金融将是什么样子的？

我们之前提到了印象派画家克劳德·莫奈，当他年轻时加入法国殖民骑兵的事情并不是广为人知的，他在加入那里的第一年里就生了重病，之后他妈妈去世之后一直照顾他的姨妈将他从军队接了出来，并安排他向艺术老师夏尔·格莱尔学习。

格莱尔曾作为工匠而出名，在他的眼中，一幅画需要进行精致的着色，即需要是对现实世界的完美再现。甚至现在，他的画作仍看上去像照片一样，然而那些跟着他学习，之后成名的学生却都作为印象派画家而为人所知（莫奈、巴齐耶、西斯利和雷诺阿），而印象派认为现实是不存在的。当格莱尔说那些从相同角度给同一模特画画的学生最后的作品都是不同的时候，学生们指出这是不可避免的，因为他们中的任何人都不会用相同的方式去理解同一片景物。学生和老师之间的裂痕随即产生，那些年轻的学生离开了格莱尔的工作室并自食其力。

当他们对世界的看法不同时，他们之间裂痕的产生将变得不可避免。对于格莱尔而言，确实存在一种所谓的客观现实，他将用其所能来探寻这个现实，连续几年一直在一幅作品上努力。但是莫奈用了一种完全相反的方法，在同一时刻对同一片景物在很多画布上作画。格莱尔试图去捕获永恒，而莫奈却选择了瞬间。格莱尔相信客观事实，但是莫奈更看重主观的理解。格莱尔相信他的作品可以描绘出实体世界，但是莫奈认为我们是存在于现象之中的。

开展新金融需要相似的这种理解的转换。就像格莱尔相信景物里确实存在一种真相并可以被画作描述出来，金融世界相信像风险这样的特质可以是一种资产，并可以被计算。在任何情况下，这种描述和计算对每一个人来说都必须是一样的，不管这些人所处的境况如何。然而新金融必须采用印象派的方法。

就像康德，我们必须相信即使存在所谓的客观现实，这种东西确实永远不会被人知道的。然而像叔本华，我们也应该相信观察者和事物之间的关联并没有掩盖任何客观现实，反而给予事物以表达和理解，至少对于这个观察者而言。因此，像风险这样的特质并不是物质固有的属性，而是物体（资产）和个体观察者（投资者）之间的某种关联。因此风险不仅仅对于不同个体而言可能是不同的，并且这是不可避免且必要的。

此处我们要进行一个更深刻的对比。像格莱尔这样受人喜爱的传统主义画家，他们旨在传达事物的本质，并努力刻画出其中的精华所在。从外行的角度他们画出了事物的原貌。而印象派画家不仅努力传达景物对他们内心情感产生的影响，也试图去展现所发生的事物，像大风对树木的吹拂，或者水波纹的涌动。因此在金融里，金融世界观察所发生的事，观察者从中推断出各种联系和起因。新金融需要去找到这些事物是如何且为何发生的，并从分析中得出随后将会发生什么。

对于外部条件一样：传统的方法是将景物固化成型，然后让画作尽现其原型。如果太阳躲在云朵后面，或者白天变成黑夜，画家将会继续去描绘事物未产生变化之前的原貌。但是印象派作家会再现变化的景物。如果金融世界里大都是画家，那么他们一定会只是假设太阳绝不会躲在云朵后，并让我们所有人都接受这个事实。

主观上来看，当然我们刚才已经讨论过的那些都跟量化方法密切相关。如果我们想要成为一个专业的观察者，那么我们不仅需要去过滤别人的理解，也需要排除已经形成的思想心态；农民不会像斗牛士那样看待一头公牛。这其中的一部分是定性判断，我们也必须意识到不同的倾斜可以对定性因素产生影响。农民将会根据自己对公牛品性的掌握而对不同公牛评级，像计牛而言，其评级明显要高；但是斗牛士会考虑那头牛被松开项圈时其战斗力是最强的。

如果我们想要拒绝数字其表达出来的含义，至少对于金融任何完整的理解来看，那么定性方法必须本质上就是主观的，随着投资者自身实际情况，以及其个人性格和既成心态而变化。进而这会根据投资者的专业程度、文化和社会教育、信念系统以及他们对可用选择的观点而发生变化。

为了让这些定性方法有效，我们必须要去准确理解它其中所传达的含义。通常来看应该避免出现行业术语，因为这会阻碍那些非金融领域的人参与金融过程，因此应该使用容易被理解，且常用词义明确的那些词汇。这样，语言学知识是一项必要的先决条件，因此"你所谓的风险是什么意思"，并不是马柯维茨所认为的一个不相关的干扰问题，而是走向正确理解的一条通道。同样"你怎么觉得"并不是一项逃避，而是试图得到主观回应的举动。

马柯维茨，如我们看到的那样，通过直接开始第三步而非从第一步开始试图缩短这一个过程。

第一步：你所说的"风险"是什么意思？

第二步：风险是可以被计算的吗？

第三步：如果可以，我们如何计算它？

当然，实际情况下我们可以知道他为什么这样做。如果他采取了正确的步骤，那么他将永远不会走出第一步。在知识方面这会是更加清晰的。为什么一个受过高等教育并智力超群的人会犯忽视这么明显东西的错误呢？

问题的答案是《逻辑哲学论》[1]。马柯维茨有没有读过这本书并不重要。逻辑实证论的信条已经渗透到了科学的思维过程里。正如我们多次提到的，赫胥黎曾说过科学忽视了那些不可以拿来计算的东西（或者，用逻辑哲学论里的话来说，那些不可以被阐明的东西）。因此当马柯维茨观察风险的时候，他是在观察一些可以被计算的东西。记住，实证论不允许我们提出那些没有答案的问题，除非之前我们已经知道答案"如果不是 A，就是 B"。那些被实证主义者认为是抽象性概念的东西是被禁止的。

这看似一种相当奇怪和过时的方法。在《逻辑哲学论丛》的所有

---

[1] 路德维希·维特根斯坦：《逻辑哲学论》，劳特利奇出版社，伦敦，2001。

书目于 1921 年左右都出版后，维特根斯坦在 1953 年去世后出版的那本《哲学研究》[1] 里多多少少地否定了之前的一些观点。在这本书中，他力图促进在解决哲学问题的过程中语言常用含义的使用，并指出很多问题的出现都是由于不能恰当理解一些词的含义而造成的，并将此描述为如在冰上行走一样。起码这与《逻辑哲学论》里的观点是不一致的，尤其对于本书最著名的最后的部分。

但是用"可被计算的"替代了"可被阐述的"的这种观点仍然存在于金融世界里。任何定性评估都带有一定值得怀疑的地方，金融调查里任何所谓"恰当的"工作都不得不每项都有很多规定，并且是强烈定量的，任何表示出对于不同人而言答案可能会不同的言论都会受到驳斥。

关于"新金融的调查中没有理解的一席之地"这样的言论是需要被摒弃的。尽管数学方法是必要的，但是只有定义了使用的语言，参考部分，使用情景以及我们需要利用的其他条件，我们才可以这样做。

因此新金融将会欢迎主观的观点。它允许使用定性方法和定量分析。它拒绝那种"金融只是关于数字"的观点，并欢迎新规则的创造，不仅仅是帮助我们进行分析和走向广为接受的那些术语，并探索金融事件背后的背景和原因。

行为问题

新金融里一项重要的问题之一无疑是人类决策行为，以及行为驱动因素将会是包含了情感、外部环境和认知偏差的一个令人头痛的问题。

当然，全世界的商学院早已研究过行为金融，但是它通常是一门选修课，它可以被那些数学底子太弱以至于不能研究像衍生品这样真正金

---

① 路德维希·维特根斯坦：《哲学研究》，布莱克威尔出版社，牛津，2009。

融科目的学生选修。新金融想要实现的改变是将金融外围研究的东西变成金融领域核心问题的一部分。

事实上，有一种言论称金融根本不全是数字，而全是人类行为（如冯·米塞斯所说的人类活动），由此如果你想要了解金融，那么你不仅需要去研究哲学。毫无疑问这个观点太过绝对了。没有人可以在没有数字和计算的情况下分析不同可供选择的投资。然而，如果一个人在两者中选一，那么可能哲学将得到认可，很大程度上是因为我们已经讨论过的结论：金融数据里缺乏"事实"。

金融事件由人类决策产生，人类决策是人类行为的一部分。很清楚的一点是，任何的行为至少都是由有原因的情感驱动，但是很多的人类决策都是在人类没有意识到出于何种原因的情况下完成的。"你为什么这样做"这个问题会多少次得到"我真的不知道"这样的回答呢？

因此任何对金融有意义的研究都都在于对人类行为的研究，那些没有成功理解后者的人也不会在前者上取得实质性的进展。因此，商学院应该更加关心学生的理解能力，以及他们是否具有哲学背景，而非执着于去担心学生能否通过沉重的课程考试。

第 14 章我们简要讨论了认知偏差在决策过程中所扮演的重要角色，这个话题本身就可以写成一本书，现在我们对于它的理解仍在加深，这个过程虽然缓慢但却在平稳进行中。如果他们真正认识到掌握投资决策过程中更多细节里的最关键因素是这个，那么将会对金融领域中最重要的问题都产生积极意义。换句话说，是行为问题而非定量问题组成了金融领域里最主要的核心部分。

理解风险和收益的重要性

风险和收益是金融世界里的两大重要支柱，我们只有理解了风险和收益是什么，并且它们是如何运作的，才有可能真正地了解金融，然而现实中我们并没有做到前者。我们没有恰当地理解期收益率的缺陷，并且也并没有掌握它与复合收益率，如 IRR 的区别。我们更没有真正地了解什么是风险，风险比我们想象的要复杂得多，并且存在很多种不同的类型，其中只有一小部分可以被计算（并且即使可以被计算，也不是用常用的那种方法）。

我们已经看到像 IRR 这样的复合收益率方法更接近投资对投资者的资产组合和负债的真实影响，它是基于真实的现金流，并且它将货币的时间价值完全考虑在内。同时，它也是一种非常简单和有效的方法去适应通胀和税收这样的外界因素。

当我们将数学方法考虑在金融世界里时，我们应该明智地选择 IRR 这种方法而不是期收益率。使用丰收年收益率是一个很好的例子，正如在私募基金领域已经在做的那样，这将会对金融世界里数学方法的使用造成很大威胁，因为它需要一种全新的模型方法来应用于像组合理论这样的问题中。

对于复合收益率的转移还有两个实践优势。首先，它可以在第一时间对不同资产类型进行有效地比较，这在现在是做不到的（并不是这个原因让人们停止尝试）。其次，它放大了通胀和税收的影响，这两个问题在现实世界里是非常重要的存在，并且让投资者在投资决策过程中很难忽视这两个问题。

风险，或者至少说是金融世界里高度伪造的那种观点，是在走向新金融世界里最大的绊脚石。在这里，我们唯一的选择是一开始就去承认我们从本质上误解了风险的含义，然后寻找一种新的方法去理解什么才是真正的风险。

我们同样应该承认那些在新金融领域里付出劳动者很难利用的那些东西。我们已经力图寻找可以被计算的东西，然而风险在现实中是一个非常复杂的问题，以至于很难去衡量和用数字去进行分析。确实存在一些风险会受到数学方法的影响，但并不是那些现在并认定的那些风险，也不是通过现在展现的方法来计算。

很讽刺的一点是，很多风险都是不能被计算的，这与现在大多数投资者脑中的主观定量分析方法相左。只有很少一部分的风险可以被计算：监管风险、政治风险、恐怖主义风险、信誉风险等等。因此我们必须承认即使我们可以从某种层面上用数学的角度衡量风险的大小，但这最多只能占据投资决策过程中起作用的一小部分。

为了获得主观理解，我们需要寻求的是对于个人投资者而言基于不同环境下风险的意义和作用，而不是从投资时间（参考他们持有负债的时间）角度来计算目标的收益和投资回报率，但是投资者的情感、金融环境以及其他因素都会对他们的投资决策过程产生影响。

我们尤其应该意识到，所谓的那些可以被计算的风险（尽管这关乎之前提到过的金融数据的限制性）可能会成为衡量不同资产或者资产组合的最有效所在，名义上这意味着待资产持有期到来时，他们至少有足够的流动性可以偿还负债，但实际上这一概念可能会导致投资者无法在一段时间里实现他们的投资目标。这看起来似乎不是一种缺乏思考的结果，并且这也比金融世界里将波动性等同于风险的概念要实际得多。

这将会实现现在看起来仍未达成共识的两个实际问题。首先，在金融理论和投资实践过程中需要存在一种有形的联系。其次，"一刀切"的方法忽视了个人投资者的自身需求和外界环境，这也使金融理论很难应用到投资决策过程的实践上来。

假设和现实

因为我们寻求一种可以应用到实践上的金融理论，那么提出的金融模型可以符合现实世界的问题也是尤为重要的。现在看来上述说法并没有达成，但是我们必须找到一种方法来实现它。如我们举的杀人机器人Kriket 的例子，现在的实践实际上是将现实带入理论的框架中。

金融世界并不是将偏离的现实投掷在激光枪中，它引入了一些假设。这些假设扭曲了现实世界的原貌，有时很大幅度上这样做。在不同模型里引入的假设像要我们去相信金融世界里所有的投资人都是理性的，所有的市场都是完全竞争的，税收和借款成本可以被无条件地忽视，等等。可能近年来最危险的一项假设是公司内部的负债同它的对投资的吸引力没有任何影响。

我们的方法必须要做到更加的诚实，不是去强制投资者相信那些本身很荒谬实际上却信奉已久的信条，我们应该去掉这些可笑的假设，远离它们并看着它们一点一点瓦解。任何不能在现实生活中说的过去的假设都必须被拒绝。

这对于那些渴望确定性和满足规则为基础的系统的人来说不会是一项容易的事。因为如果我们让金融理论屈服于那些严苛的条件，那么对于一些硬性的规定而言，金融理论很少会有能够幸存下来的，事实上这正是为什么这些规则存活时间如此之久的原因。我们对于不确定性的恐惧让我们更容易去接受那些"科学的"规定，不管它们使用的是多么令人难以接受的方法（忽视了和现实结果相左的那些存在）。

一旦我们从开始观察现实开始，再试图走向现实，而不是相反的状况，那么很明显大多数时间都很有可能我们找到的都是一些指导方针，而不是规则，并且我们必须接受它们可能不是普遍和可预测的这样一个现实。

确定性

因此我们回到确定性这个话题上，这是一个被众多金融界广泛崇尚的一个伪上帝。正如马柯维茨说的那样，投资者将收益的变动看成一种不受欢迎的存在，他曾认为他自己是对的，尽管他让自己必须跳过，视未来结果（由历史的期收益率的方差量化的）的不确定性等同于风险，对于过去期收益率的方差是对未来投资的一种非常好的指向，或者甚至期收益率首先就是一个很好的东西的这种思维。

对于大多数投资者而言，未来结果的不确定性事实上是一个不受欢迎的事情。如果有区别的话，以下这是一种保守的说法：对于大多数投资者而言，不确定性不是不受欢迎的一件事，而是一件令人恐惧的事。为此，我们从任何的方面来看都是过度反应的，无论在寻求我们资产流动性的过程中忽视了负债的长期本质，还是双曲线贴现，高估了未来的危险。

金融世界过去成功的一部分原因是它对恐惧做出了回应。全世界的投资者和他们的咨询师都在试图降低他们投资组合里"风险"（波动性）的大小，因为他们想要去缩小任何不被欢迎的未来结果所造成的负面影响。这从本能的反应上来看是正确的，甚至是非常负责任的一种思维。但它们会对投资者实现自己的投资目标造成多大影响的讨论是一直没有出现的。

事实上，对波动性的控制似乎本身就是一项目的，而不是去寻求一种与目标收益一致的最低程度的波动性（只要很多投资者相信现代资产组合理论，显示情况下确实如此）。狗越快地摇摆自己的尾巴，为了实现特定的投资收益将波动性的水平等同于风险而采取错误的虚假的目标收益率就越注定会获得难以接受的"高风险"。当然，没有人会费尽心思去思考如何采用一种看似并不会达成其目标收益的投资策略才会是"低风险"的。

从这种角度来看，伯恩斯坦说马柯维茨将风险进行了排序。在丛林里，风险是一头未被驯服的，不为人知的野兽。捕获它，将它装进笼子并研究它，很快它将变得不再那么令人恐惧。马柯维茨提供给人们一种衡量"风险"的方法，从这个角度来看人们可能有机会去控制风险，或者至少可以预测未来结果里风险的大致范围。无论出于何种目的，他为了实现上述结果，他采取了一种不是风险，也不是现实中可以如人们想象那样用来预测的方法。重要的是理解，并且持续到现在的这种理解是马柯维茨走进丛林，驯服风险这头野兽的结果。

因为现实确实令人恐惧，几乎没有人是准备好了去应对现实中即将出现的一切的，不确定性到处都是，并且它比我们可以想象到的还要强大。实际上我们所了解的全部只是一个转瞬即逝的时刻，未等真正到来就已经处在消逝的途中，它快到我们还未察觉就已经变成了过去，因为我们的注意力已经转移到了天使脚下的另一个残骸上。

过去不像蒂利在布赖滕费尔德战争中发现的那样，它不是预测未来的一个有效指向标。只要事关未来，为了一个确定的模式、相互关系或者一个过去发生事情的大致范围而做的假设都是无用功。即使一个场景会在同一时刻完全重现，现实的结果也会由人类活动所决定，而我们都知道人类活动是难以预测的，这样不确定性就一定会存在。

基于我们有理由去接受无法改变未来的现实，对于投资者而言坐等着满足于不断找到方法的无谓尝试（因为没有解决方法而变得"无谓"），而不是欢迎不确定性是有意义的吗？换句话说，我们需要停止假装我们有能力去控制甚至理解不确定性，毕竟，不确定的一切一定都是未知的。

这并不是说我们应该停止尝试着去探知未来，努力同未来可能出现的不好结果相抗衡，但是这些不应该通过数学的方法来实现。像阿西莫夫在他的作品《基地》系列里说明的那样，无论多么可靠的科学证据和聪明的计算方法，总会出现一定的随机因素来干扰我们。

投资者需要做的是去注意政治、技术、环境、社会和人口因素，并试图去识别什么可能会出现，这也正是新金融需要帮助他们实现的。一些相对明显的外界因素包括老龄化人口和特大城市的增长，它们不是一种预测，而是对未来可能出现结果的有效猜测。

一旦获得了这种洞察力，那么投资者会将它运用到投资决策过程中，用它来抓住现存的机遇，或拿它来抵御坏结果可能造成的负面影响。但是只有我们承认我们无法预测未来，意识到不确定性在未来结果中占比很大，我们才可以正确地进行投资决策。如马柯维茨声称的那样，试图"给风险排序"这种做法并没有做到点上。不确定性是不确定的，因此这种行为和赌徒谬误都好不到哪里去。

迈向未来

金融理论和投资现实之间的差距已经被实践者拉开，事实上这种差距可能总是存在，更地道的说法应该是很多投资者现在正开始意识到这个问题。

尤其对于将波动性等同于风险的说法现在已经引起了不少人的反对，至少因为这种说法似乎过度简化了现实中一个非常复杂的概念。事实上，这种复杂性大到任何所谓的"知识"都可能被觉得本身是有问题的。这种简单化也到达了一个相当大的高度，名义上愿意接受所有的假设，无论这种假设是隐性的还是显性的，都在现实中都被认为是正确的，至少从那些普遍的角度来看。

这种无法提出一种普遍的、可预测的规则，同时用一定的科学规则来审视金融，表明了金融根本就不是一种"科学"，至少不是被波珀和其他主要科学家定义的那种科学，它充其量是一种伪科学，这种说法不是一种诽谤，而只是去描述一种像哲学一样的学科，在这里个人的观察结果可以被建造成一种通常意义下的指导方针和陈述，而不是一种"可被检验的"规则。

事实上，按照"波珀"的方法，金融甚至都不能被称作伪科学，而应该是一种他定义下的教条主义——依附于长久以来都不可信的规则中，任何提出异议的人都会被金融世界排除在外。

然而对于那些执念于旧规则，不愿意将之前基于规则的客观方法改变成一种不普遍以及主观的架构的人来说，任何方法的变革都是令他们畏惧的，可是改变一直在发生。相反，对于那些准备好去迎接不确定性和接受那些未知存在的人而言，这种变革将会是一场解放性的体验，使他们能够不用依附于数字和公式来讨论金融学的任何方面。

这种变革是一次基础性的，以至于我们需要从一个全新的起点重新开始，因为金融世界从第一步的假设开始就是错的。我们要尽最大可能去定义我们的术语，至少要去理解金融理论最基本的概念，同时去了解金融的运作环境。换句话说，我们需要去从概念，而不是数字起步。

如果你逃出理解和鉴赏基础性概念的羁绊，转而走向一个实际的框架里，那么你将有可能不再依附于与日常现实生活相一致的教条和基本原则，毫无疑问这其中数学方法会起作用，但这个作用不是巨大的，并且起作用的程度和方式是不会提前被知晓的。

因此我们回到金融支柱这里：回报、风险、时间和价值。早先我们提出了像时间、空间和原因这样的假设组成了我们的物理视图，也构成了我们的金融视图。按照我们在本书了解到的那些理论，可能更准确的说法应该是金融世界里发生的任何事情多多少少都是收益、风险和价值的作用，但同时都在时间和人类行为的作用下发生。这种观点可能很简单，但实际上并不是；这种简单的命题是基础性的，并为现有的方法提供了一个很大可能改进的机会。比如，变得很清楚的观点：金融不仅仅是关于数字，因为我们并不能计算但却可以观察和记录人类行为。

最后，我们应该让自己去了解金融的支柱，因为它们不仅提供给我们一个整个科目的研究范围，也让我们有机会真正地去了解金融。无论何时我们发现自己被灌输了一种像现代组合理论这样的错误观点，我们都应该感到不安，因为除非直到有人提出了一套更好的理论时，我们才能选择信服。